書

宮口幸治
MIYAGUCHI Koji

どうしても頑張れない人たち

ケーキの切れない非行少年たち2

903

新潮社

はじめに

「頑張ったら支援します」

　という言葉をかけていた、ある会社の社長が出演していたテレビ番組を見ました。その言葉をかけていた相手は元受刑者でした。かつて罪を犯した元受刑者の方々の出所後の生活や雇用の世話をしている、どこかの会社の社長さんだったかと思います。とても素晴らしい取り組みで頭が下がる思いで見ていました。元受刑者の方々もチャンスを与えてもらって生き生きと頑張っている様子が描かれていました。

　しかし同時に私の脳裏には別のことも浮かんでいました。

〝彼らがもし頑張れなかったらどうなるのだろうか？〟

〝頑張ろうとしても頑張れない人たち、どうしても怠けてしまう人たちはどうなるのだろうか？〟

この疑問は前作『ケーキの切れない非行少年たち』（新潮新書）を書いた頃からずっとありました。一般的には、頑張らず怠けてしまったら仕事をクビになります。つまり、怠けず頑張らないと支援が受けられなくなるのが普通です。しかし、クビになったら生活に困って再犯してしまう可能性が高まります。もちろん元受刑者の方が頑張れなくてもその社長がすぐにクビにするようなことはないとは思いますが、

〝そもそも頑張れない人たち、怠けてしまう人たちにこそ、本当は支援が必要ではないか〟

と考えずにはいられませんでした。

学校や家庭でも同じようなことがあります。みなさんも親や先生から「頑張ればきっと報われる」と言われたことがあるかも知れませんが、一方で、〝もし頑張れなかったらどうなるのか、そもそも頑張れない子どもはどうなるのか〟については、未だ明確な答えを聞いたことがありません。概して現在の社会では頑張らないと報われないのです。

私がこれまで出会ってきた、ケーキの切れない非行少年たちは、まさに〝頑張ってもできない〟〝頑張ることができない〟少年たちでした。

これは病院の児童精神科外来でも同じでした。発達障害などがある子どもは、病院に来れば適切な支援につながる可能性があります。しかし、本当の意味で支援の必要な子どもたちは、そもそも病院の外来などには来なかったのです。支援してくれる人がおらず、誰も連れてきてくれないので、病院には来ることができないのです。

同じような問題は他にもあります。子どもを虐待する親が現在、大きな社会問題となっています。それを踏まえ、地域で子育てセミナーなどが開催され、若い母親が小さな子を連れて笑顔で参加したりしています。それ自体は大切な取り組みです。

しかし、私にはいつも別のことが気になります。虐待してしまう親はそのようなセミナーに参加したがるだろうか。本当に支援が必要な親は、集団が苦手であったり、引きこもっていたりして、そもそもセミナーに参加できない親たちなのではないか、ということです。

もちろん何もしないよりはした方がいいに決まっています。ただ、その裏で本当は支援が必要にもかかわらず、支援に繋がらない人たちが大勢いる、という事実があります。

子どもを虐待してしまった親は、時には支援者に攻撃的にすらなります。支援者が罵倒されることもあるかもしれません。そういった場合、支援者としてもどうしてもネガティブな気持ちになり、あまり関わりたくない、支援したくないといった感情が出てくるのも無理からぬところでしょう。しかし、真実を言えば、〝支援したくないような相手だからこそ支援しなければいけない〟のです。

大学でも似たようなことがあります。実は私も、大学で学生についつい「勉強したい気があればいくらでも資料を提供します」と声をかけてしまいますが、それを聞いて積極的に申し出てくる学生はほとんどいません。そもそも勉強したい気がある学生は、こちらから言わなくても自分で資料を探しますし、私が声かけをしなくても向こうから「何かいい資料はないですか?」と聞いてくるのです。

〝勉強したい気があればいくらでも資料を提供する〟の逆は、〝やる気がなければ放っておかれる〟ですが、本当に頑張ってほしいのは、放っておかれるやる気のあまりなさそうな学生なのです。矛盾していることは分かりつつも、とても難しい問題だと感じています。

成績優秀者に給付される奨学金制度もしかりです。頑張って奨学金を取れる学生は、それはそれでいいとしても、頑張ってもそういった奨学金を取れない学生がアルバイトに明け暮れ、学業が疎かになり、単位を落としたりして、ますます悪循環に至っているのを知るにつけ、むしろ奨学金を取れない学生にこそ奨学金を与えて支援したほうがいいのではないか、と密かに感じています。

先日も高校を中退した少年の話を聞くことがありましたが、高校は義務教育ではないので、学校に来ないと退学させられてしまいます。しかし、本人には高校に行きたくても行けない何らかの理由があることが多いのです。まさに、学校に来られない生徒ほど実は支援が必要な生徒であることは、高校の先生方も十分に分かっているはずです。それでも、彼らは結果的には中退となり、切り捨てられることになってしまって、ますます支援から遠ざかってしまう現実があります。

また〝頑張っている人を応援します〟はよく聞くキャッチコピーですが、〝怠けている人を応援します〟とはなかなか聞かないでしょう。一方で、実際は頑張っても頑張れないので、どうしても怠けてしまっているように見えているケースもあります。この場合も同様に、〝怠けているからこそ応援しなければいけない〟のです。

そういった人たちへの支援をどうしていけばいいのか、については、現代社会においてこれから考えていかねばならない課題だと思います。現実が矛盾だらけであることは承知していますが、やはり〝頑張れない人たちにも頑張ってほしい〟という気持ちがあります。

頑張れない人たち自身にも、頑張って〝社会から評価されたい〟気持ちもきっとあるはずです。元受刑者を受け入れている会社の中には、彼らが頑張れなくても何度もチャンスを与えて、決して見捨てることなく伴走し支援されている方々もおられます。何度も何度も裏切り続けた少年を決して見捨てることなく、更生に導いた幾つかの取り組みもあります。こうした事例を知るにつけ、頑張れない人たちもいつかは頑張れるようになるのではと希望を抱かずにはいられません。

本書ではこういった頑張れない人々について、本人たちはどう感じているのか、周りの支援者が少しでも工夫できることはないか、ちょっとした声かけや配慮で改善できることはないか、また支援者が良かれと思ってやっていることで逆効果になっていることはないか、大切なものを見失っていることはないか、支援者自身も頑張るためにどうすればいいか、といった観点で一緒に考えていきたいと思います。

なお、ここでいう「支援者」とは、仕事として援助職についている人に限定せず、さまざまな形で頑張れない人たちや頑張れない子どもたちの周りにいて、支援している保護者、家族、友人、学校の先生、会社の上司などすべての人たちを指します。

本書では、支援される側は大人や子ども、障害の有無に関係なく「相手」や「本人」「対象者」と表現しています。ですので、恐らくみなさんの周りにいるもう少し頑張ってほしいと願う相手、つまり親から子どもへ、教師から生徒へ、上司から部下へ、先輩から後輩へ、といったすべての働きかけ（支援）を含み、みなさんにとっても身近な問題となるでしょう。

本書は第1章を全体の概要をつかむための羅針盤のような役割として位置づけ、第2～8章のハイライトをまとめています。ですので、まずは第1章を読まれ、興味ある章に飛んで、そこから読まれても問題ありません。少しでも読みやすさに繋がればと思います。

加えて随所で拙書『ケーキの切れない非行少年たち』を引用しています。本書はそこで書ききれなかったことや補足、さらにその先のあるべき支援などについても述べていますので、本書の前に『ケーキの切れない非行少年たち』に目を通して頂けると、より理解が深まるかと思います。

なお、本書で登場する人物たちのケースは、いくつかの事例を組み合わせたもので、すべて架空の事例として紹介しています。

どうしても頑張れない人たち　ケーキの切れない非行少年たち2――目次

第1章　「頑張ったら支援する」の恐ろしさ

「やればできる」の呪縛

子どもの頃から「努力すれば報われる」「やればできるんだから頑張りなさい」とよく聞かされてきました。今、人の親の立場になってみて、この言葉は子どもにやる気を出させようとする大人の浅はかな魂胆のような気がしています。そうやって子どもにコツコツ勉強させようとするわけですが、ほとんどの大人は、子どもの頃から毎日コツコツ勉強した経験は少ないでしょう。一方で、子どもにはコツコツ勉強して欲しいという気持ちから、子どものペースや能力をみずに「やればできるから頑張りなさい」と押し付けてしまう。もちろん実際にやればできる子はいますし、そう言われてやる気が出て報われる子もいます。「やっても無駄」とネガティブに考えるよりはマシかもしれません。しかし、ここで言いたいのは、そもそも〝やれない子〟〝頑張れない子〟がいるということなのです。

私が以前勤務していた医療少年院は、そういった少年たちだらけでした。彼らは認知機能の弱さもあり、〝頑張ってもできない〟が子どもの頃から染みついていました。何度も何度も挫折を味わい、既にやる気を失っていて、もう頑張れないのです。

頑張れないのは認知機能の弱さだけが理由ではありません。やってみたい、頑張りたい、という気持ちは自己実現の欲求でもあります。心理学者のアブラハム・マズローが提唱した欲求の5段階説によると、最終段階である自己実現の欲求は、〝生理的欲求〟〝安全の欲求〟〝社会的欲求／所属と愛の欲求〟〝承認の欲求〟の4つの欲求の土台の上にあるとされています。頑張りたいといった自己実現には、この4つの欲求が満たされていなければならないのです。これはまた第3章でご説明しますが、非行少年たちの家庭環境はお世辞にも恵まれているとは言えません。これらの4つの欲求の土台が満たされていないケースが多く、そう言った場合はそもそも頑張る気持ち以前の問題があるのです。

色んな背景をもった人たちに対し一律で、「努力すれば報われる」「やればできる」といった言葉かけをすることは、どれだけ彼らを傷つけてきたことでしょうか。また我々も「努力すれば報われなければならない」「やればできなければいけない」といった呪縛からいつまでも解かれない状態なのです。頑張ってもできない人、頑張れない人たちの存在についてしっかりと向き合っていく必要があります。

「頑張ったら支援する」という言葉の裏

「頑張ったら支援します」
「やる気のある人を応援します」
「努力した子を褒めましょう」
「夢に向かって頑張る人を応援します」

こういった言い回しやキャッチコピーをよく見かけます。これらの言葉かけは一見温かみのある親身なものに思えます。「どんな人を応援したいですか?」と聞かれれば、「コツコツと努力して頑張っている人」と答えたくなる方も多いでしょう。そうなのです。我々は努力して頑張っている人を応援したくなるのです。

しかし、一方でこれは、ある意味次のような条件付きの支援を出していることにもなります。

「もし、あなたが頑張ったら、支援します」

もしこれでピンとこなければ、支援や応援をお金に置き換えてみましょう。「もし、あなたが頑張ったら、支援金50万円差し上げます」としたらどうでしょうか？　ぐっと現実味を帯びてきたのではないでしょうか。支援金、奨励金というものがあるくらいですから、支援や応援は気持ちの問題だけでなくお金に置き換えても問題ないでしょう。「ほんの気持ちですが……」といって謝礼を渡すことは、相手に感謝を伝えたい気持ちの現れですので、決して失礼なものではありません。大学でも成績優秀者のための奨学金制度があります。これをどう感じるでしょうか。

頑張っていない人より頑張っている人を応援したくなる気持ちは分かります。しかし、ここで考えてみて欲しいのです。では〝頑張らなかったら〟どうなるのか、と。「頑張ったら支援します」は、

「もし、あなたが頑張らなかったら、支援はしません」
「もし、頑張らなかったら支援金50万円は差し上げません」

という意味にも取れます。これらの言葉を文字通りとれば、相手が頑張らなければ支援や応援をしないことになります。当然と言えば当然かもしれません。しかし、同時にこれは、支援が必要な頑張れない人たちを突き放すことにもなるのであり、結果的には、そもそも頑張れずに困っている人たちを見捨てることにもなり得るのです。つまり「頑張ったら支援します」という言葉は、時と場合によってはむしろ、条件付きの厳しい言葉がけにもなり得るのです。

そもそも条件付きの支援は好ましいものではありません。例えば小さな子どもに「おもちゃを買ってあげるから頑張りなさい」と物で釣っているのと同じです。子育てに物で釣るといったやり方が好ましくないのはお分かりかと思います。これについては第6章で〝安心の土台〟として紹介しています。

頑張らなくてもいいという風潮

一方で、世間では〝頑張らないで生きよう〟〝もっと手を抜こう〟〝嫌なことは我慢しない〟といった趣旨のキャッチコピーもよく見かけます。

これにはいつも違和感を覚えます。こういった言葉は、そもそも頑張ること、手を抜かないこと、我慢することが前提であり、それまで頑張ってきた人たちに対する労いの言葉かけなのです。額面通りに受け取る言葉ではありません。

しかしこうした言葉を、頑張れない人たち、頑張れない子どもたち、また彼らを支援する人たちが、誤解して受け取ってしまうこともあります。特に、学問を楽しみたいから勉強をやっているという子どもたちは少ないと思いますので、彼らはさぼれるお墨付きをもらったと思いこみ、勉強しなくなることもあります。

また、苦手なことをやらせたら可哀そうだから……、と支援者が勝手に考え、本人の意向を確かめずに、可能性があるのにそれ以上やらせないことで、本人の可能性を奪ってしまうこともあります。これについては第2章で〝頑張らなくていいは本当か〟というテーマで扱っていきます。

頑張れないとどうなる？

では頑張れないとどうなるか。ここで大切なことを確認しておく必要があります。〝頑張らない〟と〝頑張れない〟の違いです。

〝頑張らない〟のはわざとやらないといった意味に取れます。怠けている、といった印象ももたれるかもしれません。一方で〝頑張れない〟という言葉はそもそも頑張ること自体ができない、と取れます。例えば、うつ病の患者さんですと、頑張りすぎてこれ以上頑張れない、といった表現もなされます。このような人たちに、怠けているなどといった発想は憚《はばか》られます。

ところが、外見から判断できない場合もあります。見た目が普通に見える人が〝頑張れない〟と言っても、どこまで理解されるでしょうか。〝頑張らない〟と〝頑張れない〟は他者からは分からないのです。これは本人しか分からないことですし、本人が決めるべきことなのです。

しかし、社会はそんな違いに容赦はしません。頑張っていないと、頑張れるのに頑張っていないとみなされ、誰も好んで支援はしてくれなくなります。それどころか、やる気がない、怠けている、いつも口ばっかり、といったネガティブな烙印を押されてしまうのです。第3章ではこの〝頑張れない人〟を取り上げていきます。

何気ない一言がやる気を奪う

しかも社会では、人を頑張らせようと色んな声かけがなされます。もちろん悪意のあるものではありません。しかし、やる気を出させようと声をかけた一言が逆にやる気を奪ってしまうケースもあります。例えば、「君の力はそんなものじゃない。もっと頑張れるはずだ」といった声かけです。一見よさそうに思えますが、〝もっとできるはずだ〟といった過剰な期待が相手にプレッシャーを与え、相手を追い込んでしまう可能性もあるのです。こういった逆にやる気を奪う余計な声かけは、我々も知らず知らずのうちに行っている可能性があります。そのような場合、〝何も言わないこと〟が相手のやる気を出す最大の支援になったりします。

そもそも頑張れる人は、他者から言葉をかけてもらわなくても一人でも頑張れる人、つまり支援が要らない人なのです。これらのやる気を奪う言葉や振る舞いの例については第4章で扱っていきます。

本人も頑張りたい

では、頑張れない本人自身はいったいどう感じているでしょうか。無理しなくていいからと言われ、それで本当に楽になるでしょうか。本当は頑張って周囲から認めてもらいたい気持ちはないのでしょうか。もっと自分を分かってほしいと思っていないのでしょうか。そして頑張れない人たちは本当に頑張れないのでしょうか。

これまで自分でも無理だと感じてきた非行少年たちが、あるきっかけで想像もつかないような頑張りを見せたりすることがありました。彼らが真に欲していることを知れば、彼らもまだまだ頑張れるのです。

それらを非行少年の3つの願いから読み解きました。頑張れない人はどんなときに本気を出せるのか、そのためには何が必要なのか、本人のもつリソースについて探っていき、今後の希望につなげたいと思います。これは第5章で紹介しています。

支援したくないような人こそ実は支援の対象

では、本当に支援が必要な人たちとは、どんな人たちなのでしょうか。ずばり申し上げますと、私たちがあまり支援したくないと感じる人たちなのです。

そういう人たちは、頑張れないために、なかなか物事を達成することができません。そのため自信がもてず〝また叱られた〟〝自分なんて駄目だ〟〝どうせみんな自分のことをバカにしているに違いない〟とネガティブな思考、被害的な思考に陥っていることもあります。彼らは魅力的に見えるでしょうか。子どもの場合はもっと分かりやすいでしょう。被害的になっていると、友だちから親切に声をかけられても〝またバカにしやがって〟と手が出たりすることもあります。

また大人に対しても〝こんな何もできない自分でも見捨てないだろうか〟との不安から、色んな不適切な行動を展開し、〝試し行動〟を仕掛けてきます。これらは大人にとってたいてい問題行動に映ります。嘘をつく、お金の持ち出しがある、暴言、暴力、万引き、夜間徘徊などです。こういった行動を繰り返す子どもたちを真から理解し支援しているプロの支援者も大勢おられますが、普通はやはり〝厄介な子ども〟に映るのではないでしょうか。

実際、こういった子どもたちは、発達に課題があっても病院には来ません。色々と問題を起こして警察に逮捕され、少年鑑別所に入って初めて、その子には発達の課題があり、もっと早くから特別な支援が必要だったと気づかれる、という実態は『ケーキの切れない非行少年たち』でもご紹介しました。そして、そういった子どもたちは、大人になるとますます理解されにくくなります。頑張っていないのに文句ばっかり言ってくる、クレームばっかりつけてくる、他人ばっかり責めているように感じられる。そんな人には、支援してあげたいというより、あまり関わりたくないと感じる方が普通なのではないでしょうか。

虐待する親のケースも、その類かもしれません。そもそも何の罪もない子どもを虐待したりする親へは、怒りの気持ちが湧いてくるのが当然かと思います。しかし、子どもたちのためには、虐待する親こそ支援の必要な人たちなのです。ここはジレンマの生じるところでしょう。

まとめますと、

・頑張れないから支援しなければいけない
・支援したくないから支援しなければいけない
・困ってないふりをするから助けないといけない
・支援の場に自ら来られないから支援しないといけない

ということになるのです。

ではどうやって支援するか。これらは一筋縄ではいきません。でも工夫の余地はあります。頑張れない人でも、うまくスイッチを入れてあげると、想像ができないくらい頑張れることもあります。また周りにいる支援者からの承認で自信がつくこともあります。こういった支援者の葛藤やスイッチを入れる方法については第6章で紹介していきます。

支援者も支えて欲しい

支援し難い人たちを支援していくために最も大切なことは、支援者自身が頑張ろうという気持ちを持てることです。少年院では非行少年の保護者たちが年に何回か来て保護者会を開いたり教官と話したりする機会があります。保護者支援が大切と言われますが、一番の保護者支援は保護者自身に、

〝もう一度この子のために頑張ってみよう〟

と思ってもらうことです。

そのために〝子どもの問題点を伝える〟〝親の教育法を否定的に言う〟〝こうした方がいいと指導的に言う〟というのは全くの逆効果で、保護者はますます自信をなくし、やる気を失ってしまいます。そうなると少年が出院しても積極的に関われなくなるのです。ですので、保護者には「子育て本当にご苦労さまでした。大変でしたね。これからは（しばらく少年院にいる間は）我々にお任せください」と労うのです。

これまで子どものことで学校で謝り、近所で謝り、警察で謝り続けてきた保護者が、少年院の保護者会で〝また叱られるのか〟と思って来たところ、労いの言葉をかけられ、丁重に扱われたことに驚かれた方も少なくありません。そして、面会に来るたびに、保護者に対して礼儀正しく感謝の言葉を述べるようになった我が子を見て、〝この子のためにまだ何かできることがあるのではないか〟とまた元気が出てくると語る保護者もいます。保護者は頑張れない人と共に生きる人たちと言えます。そのような保護者に少しでも元気になってもらう方法について、第７章で紹介しています。

そして、保護者の立場ではなく誰かを支援する場合、支援者自身の心の安定も疎かにできません。しかし現実には〝頑張れない支援者〟も存在します。その頑張れない理由に支援者同士の連携がうまくいっていないこともあります。時には支援者同士の押し付け合いや足の引っ張り合いなどもみられます。これらの問題点について第8章で扱っていきます。

第２章　「頑張らなくていい」は本当か？

頑張るってそもそも何？

広辞苑によると、頑張るとは〝我意を張り通す〟〝どこまでも忍耐して努力する〟といった意味になります。日常で使っているのは、後者の意味ですので本書でもその意味で扱っていきます。

他にも、〝何かを成し遂げるために困難に耐えて努力する〟〝困難に耐えながら我慢してやりぬく〟といったものがあります。とても辛いイメージが付きまといますが、逆に〝困難に耐えずに努力しない〟でも生活が成り立つのかどうかを考えますと、生まれつきの大富豪や天才でもないと、なかなか難しいでしょう。やはり何らかの形で困難に耐えて努力する、つまり頑張らないと、生活はできないと考えるのが普通でしょう。

例えば、仕事を続けるにしても、都会のサラリーマンだったら一般的には〝毎朝決まった時間に起きて満員電車に乗って通勤する〝場合が多いですが、これをイメージしただけでも〝困難に耐えながら我慢してやりぬく〟といった表現がマッチします。通勤だけでも十分頑張っていると感じます。「通勤が苦痛だから仕事に行かない」と言う人がいたら、やはりその人に対して頑張っているといった表現は用いないでしょう。ですので、大半の人たちは何らかの場面でいっぱい頑張っているはずなのです。頑張らないと生活できないですから。

頑張ってきた人への労いの言葉が……

一方で、

〝頑張らなくていい〟
〝頑張らない生き方〟
〝もう我慢しなくていい〟

というキャッチコピーもよく聞きます。こうした言葉を聞いてホッとされる方も多いかと思います。これらの本来の意味は、これまでいっぱい頑張ってきた人に対して、これ以上無理して頑張らなくてもいい、自らを犠牲にしてまで我慢して頑張らなくてもいい、といったものでしょう。特に精神科外来ではよく出会ううつ病の患者さんには「頑張って」という言葉かけは禁句です。頑張りすぎて燃え尽きてうつ病になった人たちも大勢おられます。そのような人たちに「頑張って」と声をかけると、〝もうこれ以上どう頑張れというのだ〟という気持ちになって余計に負担をかけ、症状を悪化させてしまうからです。

しかしこれは、そもそも「頑張ること、我慢することが前提だけど、でもそこまでしなくてもいいよ」と言っていることと同じです。また日本人の文化として、結果を出すまでの過程を評価するところもあります。つまり結果だけでなく、いかに頑張ったかにも評価が下される傾向があります。

現在の採点システムは分かりませんが、私が大学受験した頃、京都大学の入学試験の物理では右ページが解答欄、左のページが計算用紙になっていました。答えは右ページの解答欄に書くのですが、左ページの計算用紙に書いたメモも採点の対象になると言われていました。つまり、計算ミスで答えが間違っていても、計算用紙に書いた考え方が正しければ部分点を与える、といった形になっていました。これはまさに答え、つまり結果を出すまでの過程を評価しているといっていいでしょう。答えを出すまでに如何に頑張ったかを評価しているのです。

誤解されるメッセージ

「頑張らなくてもいいよ」「もう我慢しなくていいよ」とは十分に我慢して頑張ってきた人たちへの労りの言葉であり、まだ頑張っていない人への言葉かけではありません。ところが〝頑張らないで生きよう〟〝少し手を抜こう〟といった言葉がメディアを介して目に触れると、「そうか。頑張る必要はないんだ」と頑張らない人たちも誤解してしまうことがあります。

分かりやすいのが、小学校で勉強している子どもたちです。いつも学校で勉強をしていますが、それは子どもたちが、〝勉強が好き〟〝勉強したい〟〝学問を楽しみたい〟という気持ちで勉強しているというよりも、〝親から怒られたくない〟〝先生に叱られたくない〟〝友だちに負けたくない〟といった動機づけが先にあることがほとんどでしょう。ですので、もし勉強嫌いな子どもであれば、さぼれる口実があればいくらでもさぼり始めます。特に、信頼する先生のような大人から「頑張らなくてもいい」と言われると頑張ることを止めてしまうでしょう。

しかし、何らかの形で頑張らないと、この社会では生きていけないのは事実です。つまり〝頑張らなくてもいい〟といった安易な言葉かけは、場合によっては無責任であり、今その相手が直面している課題をどんどん先送りにしてしまうリスクがあります。計算が苦手な子どもに「頑張らなくてもいいよ」と言わないまでも「計算は苦手でも漢字は得意だから」といって一時しのぎをして計算の習得を頑張らせなければ、その子は確実に授業についていけなくなります。いったい誰が責任を取れるのでしょうか。

「このままでいい」で本当にいいのか

現在、私は某市で発達相談をやっています。そこには主に勉強についていけない小学生低学年の子どもが保護者に連れられて来ることが多いのですが、相談ケースには「上のお兄ちゃんは特に勉強で困ることはなかったけど、この子はどうも点数が取れなくて。その原因が知りたいと思って」といったものがよくあります。

そこで知能検査を含め様々な検査を行います。多くが境界知能(明らかな知的障害ではないが、正常域を下回る境界域にいる子ども。おおよそＩＱ70〜84）であることが多いのですが、その旨を伝えると、たいていの保護者は「そうだったのですね。ではどうしたら？　今、できることをしてあげたい」と答えられます。必ずしもよくなるかは分からないが少しでも伸びる可能性があるなら親としてやれることはやってあげたいといった気持ちで、これには当方も同意見で、できるだけの支援策をお伝えしています。

しかし、一方でこう言う保護者もおられます。

「この子は、勉強はいいんです。本人のペースでのんびり生きたらいいと思います。ただ、勉強ができない原因だけは知っておきたくて」

保護者のお気持ちはよく分かります。やってもできないのなら勉強を強いると本人が可哀そう、といった気持ちもあるでしょう。しかし、この考え方には違和感を覚えます。〝勉強を頑張らなくていい〟。これは、保護者が勝手に決めていいことなのでしょうか。

子ども自身はどう思っているのか

その子どもが例えば境界知能なら、明らかな障害ではありませんので、小学校では通常学級に在籍します。しかし、境界知能はかつて知的障害と区分されていた時代がありました（WHO国際疾病分類ICD－8：1965〜1974年）。実際は、平均的な子どものだいたい8割くらいの発達レベルです。つまり10歳の子であれば、8歳くらいの精神年齢です。小学4年生の中に小学2年生の子が混じっているイメージを想像してみてください。

そしてその後、小学校中学年、高学年、中学校、高校と毎日毎日勉強しに学校に通うわけです。もし、そこで勉強をしないとどうなるか。授業でいったい何が話されているかも分からず、ただ座っているだけで、同級生からもどんどん置いていかれます。また同級生との会話にもついていけず孤立したり、いじめに遭ったりする可能性も生じ、結局は本人が辛い思いをするのです。

親から「勉強しなくていい」と言われると、そもそも勉強がしたくない子どもであれば、親からお墨付きをもらったと思い安心し、ますます勉強しなくなるでしょう。〝不器用なままでいい〟〝みんなと同じにならなくていい〟〝みんなちがってみんないい〟といった声もよく聞きます。これはこれで否定するつもりはありませんし、実際その通りだと思います。しかし私は、それは本人自身もそう希望する場合に限る、と思っています。周りの大人が子どもの気持ちや可能性を確かめず、一方的にそう考えて、今できることすらさせなければ、子どもの可能性を潰し、障害を作りだしてしまう可能性もあるのです。その被害者は子どもたちなのです。

もちろん子ども自身に聞いてもなかなか明確な答えは返ってはこないでしょう。理解できないこともあります。しかし想像してみてください。もしみなさんが子どもだったとして、いくら親がこのままでいい、と言ってくれても、みんなができているのに自分だけができていなければ、かなり辛い思いをするのではないでしょうか。そこを大人が〝そのままでいいんだよ〟と言っても、その時はよくても時間が経つにつれて子どもがどんどんと辛くなってくるのは目に見えています。折り合いをつけることができるのは大人でなく、本人なのです。

思い込みが障害を作りだすことも

このような支援者の勝手な判断で障害を作りだす危険性について、私自身、反省すべき体験があります。医療少年院に勤務していた頃、知能指数（IQ、平均は100）が50程度の高校生年齢の少年が入院してきました。ここでは仮にA君と呼びます。IQが50というと中等度知的障害に近く、勉強はもちろんのこと日常生活の自立や就労も困難なレベルです。簡単な会話はできても、例え話や冗談の理解も難しいためコミュニケーションも取りにくい感じです。A君はもちろんケーキも3等分できませんし、平仮名がかろうじて読めるものの漢字は知らず、計算もできず、簡単な模写もほとんどできませんでした。

A君が行った非行は知的障害者施設の職員に対する暴力で、それが理由で少年院に送致されたのでした。知的障害がある子の中には、イライラすることがあっても上手く言葉で伝えられず、時に手が出てしまう子がいます。診察中のA君は、始終ポカンとした表情で、何でも「はい」「はい」と答え、通常の会話も困難な状態でした。

そうしているうちに当時少年院で行っていたコグトレ（学習の土台となる、見たり聞いたり、想像したりする力をつけるための、紙と鉛筆を使った認知機能強化トレーニング）の対象者の選定が始まりました。対象者は、みんなが集中できるように1グループ10名程度。知的にハンデのないIQが高い少年は必ずしも受ける必要はないですが、逆にIQがかなり低い（中等度〜重度など）場合も、そういったトレーニングを受けても効果はなかなか見込めないことが分かってきていましたので、コグトレの対象者は、優先度の高い軽度知的障害〜境界知能の少年の中から選定していました。

劇的な改善を見せた「中等度知的障害」の少年

当初は、A君を入れずにグループのメンバーを決めて、少年院側に参加者名簿を提出したのですが、その中の一人が少年院で規則違反を繰り返し、急遽、メンバーから外して欲しいとの要望が少年院側からありました。

一方で、A君がそういったトレーニングをやりたがっているという話を担当の法務教官から聞きました。私は、A君はおそらく何をするか分からないものの、みんながやっているので楽しそうだから自分もやりたがっているのだろうと思いましたが、ダメ元でグループのメンバーに入れることにしたのです。

それから起きた出来事は、奇跡といっていいかは分かりませんが、その後の私の支援のあり方に大きな影響を与えることになりました。A君は他の誰よりも熱心にそのトレーニングにのめり込み、淡々と何度も何度もトレーニングシートに取り組んだのです。分からないことは何度も質問してきました。そして4か月後、トレーニングを実施した少年たち全員に効果測定を行ったところ、学習効果が殆どないとされるIQ相当の認知機能の検査で、A君はなんと90近い値（平均100）まで上がったのです。

A君の日常生活の変化は目を見張るものがありました。自発的な発語が増え、身体の動きにも機敏さが出てきました。もちろんこれらはそのトレーニングだけの効果ではありませんが、最終的には運動会でも少年院を代表してみんなの前で宣誓をするまでになり、全くの別人になったのです。診察するたびにA君の顔つきも変わってきて、最後の診察では「勉強が分かるようになってきた。大学に行ってみたい」と答えたのです。

中卒状態であったA君が、大学の意味をどこまで知っていたかは分かりません。これまでも相当変化する少年は大勢いました。しかし、ここまで劇的に変わった少年はA君だけです。この体験以降、私は、可能性のある子に対して最初から、やらせてもどうせ無理だから、可哀想だから、といって勉強やトレーニングをやらせなかったら、我々が障害を作り出してしまうことがある、と強く感じたのでした。

もしあのときA君が選ばれていなかったら、どうなっていたかは分かりません。しかし、「やらせても本人が辛いだけだから」と、何もさせない方がよかったなどと誰が言えるでしょうか。

〝無理をさせない〟と〝頑張らせない〟は違う

子どもに過剰な負担をかけ、無理をさせてしまうのは避けなければいけないことです。しかし、それは〝頑張らせない〟とは意味が違います。通常、人は何をするにしても、努力して頑張らないと生きていけないのです。小学校、中学校と義務教育までは保護者や学校の先生の保護のもと、生きていけるかもしれません。しかし、高校に行かず中卒で働くとしても、仕事場では頑張らないとクビにされてしまいます。どこの世界でも頑張らない人は評価されないでしょう。

ある子どもは、保育園の頃からとても頑張り屋さんと言われていました。保育園の頃に縄跳びの練習をあまりに頑張り過ぎて足を少し痛めてしまったので、親が「もう頑張らなくていい」と止めたそうです。親は、それからその子が何かやろうとするたびに、その縄跳びの例を出して、「頑張り屋さんだから無理したらダメだよ」と声をかけ続けました。するとその子は頑張らなくていいと思い込んでしまい、何もしなくなってしまいました。でも親は無理をさせないように、子どもには「やったらできるんだから」と言い続けたのです。結局、その子どもは勉強もしない、運動もしない、チャレンジしない日々を送りました。大人となった本人は、親に対してもっとあの時に頑張らせてほしかった、と語っていました。〝無理をさせる〟ことには反対ですが、誤って〝頑張らせない〟になってしまうと、ここでも被害者は子どもたちなのです。

仕事を辞めてもいいという風潮

現在、大学の新卒は、最初に勤めた会社を3年以内に3割辞めると言われています。新たな価値観を見つけた、もっと違うところで可能性を試したい、というならいいと思うのですが、インターネットを見る限り、離職する理由は、想定していた条件と違った、思っていた仕事と違う、人間関係が合わない、給与が安い、などが上位のようです。合っていない仕事は無理してまで頑張って続けなくてもいい、といった考えは否定しませんが、それは、しばらくは頑張った人の理由としていいだけでしょう。もし頑張る前の人が、〝嫌だったら辞めてもいいんだ〟と受け取ってしまうとしたら、それはどうでしょうか。

かつてバブルの頃に読んだ雑誌記事の中で、売り手市場真っただ中の転職希望者が〝会社はトイレの綺麗さで決める〟と上から目線で語っていたのを思い出します。そういう姿勢でも、景気のいい時なら仕事はあるでしょうし、最終的には本人の自由ではあります。しかし、昨今の厳しい景気の中で、前の職場を嫌だから辞めたと豪語するような人たちを、積極的に採用したいと考える会社は多くないでしょう。こういう人は、新しい職場にいっても、頑張る前に嫌ならすぐ辞めるであろうことが想像できてしまうからです。

第3章　頑張ってもできない人たち

評価されなければ〝できた〟とは言えない

〝頑張ったら支援する〟という言葉の裏には、では頑張れなかったらどうなるのかといった疑問が貼り付いています。本章では、頑張る、頑張らない以前に、そもそも頑張ってもできない人たちについて考えていきます。

ここで、

〝できる〟

〝できない〟

はどうやって決めるかが問題になってきますが、いくら自分でできたと思っても、他者からすれば全然できてないこともあります。テストの点などは分かりやすいです。簡単だった、できた、と思ったテストほど点が悪く、難しかった、あまりできなかった、と思ったテストほど点がよかったりします。大学受験の結果でも同様なことが言えそうです。いくら頑張ったと思っても、結果が出なければ〝できた〟ことになりません。これらは自己評価でなく、結局はどれだけ評価されるかにかかっています。結果を出して評価されて、初めて〝できる〟という状態になります。

ですので、例えば仕事をする上で〝これだったら興味があって得意だから頑張れる〟というものがあったとしても、もしそれがお金に繋がらなければ評価されませんので、会社において〝できる〟ことにはならないのです。〝勉強は苦手でテストの点は悪いけど、ゲームだったら何時間でも集中してやっている〟といったように好きなことをいくら頑張ってできても、できることにはならず、逆に親から「うちの子はゲームばかりしてダメな子だ」と嘆かれることになります。要は、〝頑張ったらできる〟というのは「学校や会社など、どこかで認められる結果を出す」ということになるのです。

お金にならないと無能扱いされてしまう

つまり、いくらゲームが得意でも、それで食べていけない、お金にならないというなら、頑張ったことにならないのです。もし自分の子どもがゲーム好きで勉強せず、ずっと部屋に引きこもってゲームをすることに頑張っていると本人が言ったとしても、親としては、「何を言っているんだ」と強い不安や憤りさえ感じるでしょう。これは大人も同じです。いくら本人が頑張っているといっても、お金に結びつかないと、「いったい何をやっているんだ」と変人扱いされたりします。もちろん頑張ったこと自体も評価はされにくいでしょう。

ところが、一見無駄な活動に見えても、それがお金になれば評価は一転します。例えば近年 eSports（eスポーツ）が注目されてきて、他国ではプロ選手も大勢います。優勝賞金も10億円を超え、海外であれば年収が1億円を超えているプレーヤーもいます。もし自分の子どもが、いくら引きこもってゲームばかりしていたとしても、実は陰で億単位のお金を稼いでいたとしたらいかがでしょうか。頑張っていないどころか親としては、急に誇りに思うのではないでしょうか。つまりその子の評価は急に〝頑張っている〟ということに変わるのです。同様にパチンコや競馬にしても、もしそれで生計が立てられるくらい稼いでいたら〝頑張っている〟といった評価に変わってもおかしくありません。

これはとても奇妙な話です。つまり頑張っていると評価されるかどうかは、極端な話、「それがお金になるか、ならないか」によったりするのです。もちろん、ボランティア活動や家事労働などを含め、直接お金に結びつかない様々な意義のある活動は多々あり、それらに価値がないと言っているのではありません。しかし〝頑張っていない〟というのは場合によると、〝お金を稼ぐことができない〟と置き換えられてしまう現実があるのも事実なのです。

生きにくさの悪循環

ゲームであれ何であれ、好きなことを頑張ってそれで食べていけることが一番の幸せかもしれません。しかしそれができるのはほんの一握りで、大半の人たちは好きでないこと、あまりやりたくないことを頑張らないと生きていけないのです。頑張れない人たちに、好きなことがあれば、〝それを生かして〟と言うことはありますが、それで食べていけないから問題なのです。そして頑張れない人たちにとっては、好きでもないことに対して頑張る気持ちを出すこと自体がとても困難です。

つまり、

頑張れることでは生活できない→好きでないことをしなければいけない→やる気が出

ない→ますます頑張れない

といった悪循環を辿っているのです。

頑張れない人たちにとって、この社会はとても生きにくい世界です。

「頑張ってもできない子」もいる

しかし、常に大人は子どもを頑張らせようとします。あの手、この手を考えて、何とかやる気を出させてやらせようと考えてしまいます。「やったらできるのに……」という思いを多くの保護者の方はお持ちではないでしょうか。

〝一生懸命努力して頑張れば必ずできる〟

この言葉にどれだけ多くの人たちが苦しめられてきたことでしょう。でも、いくら励ましても、頑張っても、できない子がいるのです。そして常にできる子と比較されます。学習塾では成績優秀賞などもあります。もちろん頑張った結果、優秀な点数が取れた子もいますが、一方で元々知的水準が高くてそれほど勉強しなくてもテストで高い点数が取れる子もいます。他方でいくら努力しても点数の取れない子もいます。

私がどこに疑問を感じるかというと、

〝テストでいい点を取れた＝頑張った〟

〝テストで悪い点しか取れなかった＝頑張っていない〟

という誤解が生じてしまう点です。いくら頑張ってもできない子どもは、確実に存在します。そして、そういった子は結果を残せないので〝頑張っていない〟と誤解されてしまうのです。

スポーツでも事情は同じ

かつて衆議院の「青少年問題に関する特別委員会」の参考人として国会に呼ばれたことがあります。体罰問題やいじめ問題が議題になっていたかと思います。私の両隣には、元オリンピックメダリストの方々もおられ、参考人は右から順番に発言していきました。

議員をまじえた議論の中では、子どもたちはスポーツ活動を通して連帯感、一体感、助け合い、リスペクトなど健全な精神を養っていくべきだ、といった趣旨の話がされていました。

確かに、スポーツを通じて貴重な経験をし、健全な精神を養うことは可能でしょう。しかし、そのとき私の頭の中には別の考えが浮かんでいました。〝スポーツが苦手な子や嫌いな子たちはどうするのだろう〟ということでした。

これは私自身の経験からも言えました。私自身、スポーツで連帯感、一体感、助け合い、リスペクトなどを体験したことはありません。走るのは速い方でしたが球技はどうも苦手で、にもかかわらず中学生の時に、単に兄がやっていたという理由だけでバスケットボール部に入ったのが失敗の始まりでした。ドリブルが苦手、シュートも入らない、先輩からは「挨拶しなかった」という理由でシゴキという名の暴力を受け続けました。それもあって練習もさぼりがちになり、当時1軍レギュラーから2軍、3軍、4軍までありましたが、ほぼ3軍にいました。

3軍になると練習試合にも参加できません。中学校の3年間で公式試合に出させてもらったのは、もう負けが決まった試合の最後の5分くらいの1回限りでした。3年間続けてそれだけです。中学2年の終わりには辞めたいと親に相談し、最初は強く反対されましたが、私の気持ちを分かってくれ「いつでも辞めていい」と言われてから安心したのか、ずるずる最後まで続けることになりました。

しかし、中学3年時には練習といっても3軍は同級生の練習試合を見ているだけでしたので、定期試験のために英語の単語帳を持ち込んで勉強していましたし、最後の大会では同級生のチームに勝利が続くことを心から祝えず、負けて引退が決まった瞬間、ホッとしました。そういった中で過ごした中学校の部活は、私にとって、トラウマ的な苦痛な体験でしかありません。今でさえも、たまに部活の夢を見るほどです。

ですので、今でもスポーツだけで健全な精神が養われるなどとは感じませんし、私よりさらにスポーツが苦手な子どもや嫌いな子たちは、もっと辛い体験をしているはずです。ここでもスポーツができる子は輝いて〝頑張っている〟ように見えますし、逆にスポーツの苦手な子や嫌いな子は〝頑張っていない〟ように見えることでしょう。スポーツにおいても、頑張っていないのではなく、頑張れないのです。

もちろん、スポーツができない子でもスポーツを通して学ぶことはある、といった意見もあるでしょう。試合で負け続けても、一度も試合に出なくても、それはそれで意味はあります。でもそこで意味を見出せる子どもはおそらく少数派で、その考えはスポーツがそういったものであって欲しいと勝手に願っている大人の幻想に過ぎないかもしれません。

認知機能の弱さの問題

では、概してどういった人たちが頑張れないのでしょうか。真っ先に挙げられるのは、『ケーキの切れない非行少年たち』にも書かせて頂いた、認知機能の弱さをもった人たちです。見る、聞く、想像するといった力が弱いため、いくら頑張っても入ってくる情報に歪みが生じてしまい、結果が不適切な方向に向いてしまうのです。そうしているうちにいくら頑張ってもうまくいかず、失敗を繰り返し、次第にやってても無駄だと感じるようになり、頑張れなくなるのです。知的障害児では、失敗経験を繰り返すことで、成功への期待感を低下させ、もっと上手くできる方法はないかといった工夫を次第にしなくなってしまうという国内外の研究報告（田中道治ら）もあります。

また認知機能の弱さから自分の姿を適切にみることが難しくなることもあります。これも前著の〝不適切な自己評価〟の項目でもご紹介しましたが、自分に不適切な誤りがあった場合、それを正したいという気持ちがもてるには、前提として正しく〝自分の今の姿を知っている〟ことが必要になります。自己の問題や課題に気づき、〝もっといい自分になりたい〟といった気持ちがもてることが、変化のための大きな動機づけになるのです。しかし認知機能が弱く〝自分には問題がない〟〝自分はいい人間だ〟などと自己の姿を適切に評価できていなければ、自分を変えようという気も生じないのです。

見通しの弱さの問題

また頑張るには、〝こうなるためには、これをやったらこうなるから、だからそこまで頑張ってみよう〟といった、見通しをもつことが大切です。この見通しの力は〝探索の深さ〟とも呼ばれ、何ステップ先まで考えられるかに関係してきます。

しかし、認知機能が弱い人は、先のことを想像するのが苦手で、せいぜい〝これをやったらこうなる〟といった1〜2ステップ先くらいしか見通せません。心理学者のハーマン・スピッツらの研究では、知的障害児では探索の深さは1ステップであることが指摘されています。

例えば、漢字を覚える宿題があるとします。見通しの力とは次のようなものです。

漢字を覚える↓ほめられる（1ステップ）↓やる気が出る（2ステップ）↓テストでいい点が取れる（3ステップ）↓いい学校に行ける（4ステップ）↓いい仕事につける（5ステップ）

これだけの見通しがもてれば、いま漢字を覚える必要性が理解でき、漢字を覚えようと頑張る気持ちに繋がります。ただ、まだ子どもであれば長い見通しは難しいので、見通せるのはよくて〝いい学校に行ける〟という4ステップ目くらいまでではないでしょうか。ですので、いい学校に行きたいという見通しがもて、その気持ちが生じれば頑張るわけです。

しかし知的障害など認知機能が弱いと1ステップしか先が見通せないこともあります。つまりこの例ですと〝ほめられる〟までしか見通しがもてていないのです。

漢字を覚える↓ほめられる（1ステップ）

となると、ほめられるために漢字を覚えるといった動機づけのために頑張ることになります。しかし逆に、ほめられないと動機づけが生まれず頑張れないのです。

漢字を覚える→ほめられない（1ステップ）→終わり（漢字を覚えない）

実際はこんなに単純ではありませんが、これに近いものがあります。頑張ってみようという動機づけにはある程度の見通し力が必要なのです。認知機能が弱いとこういった見通し力が弱く、そのために頑張れなくなるのです。大人になるにつれてほめられる機会はますます減ってきますし、またこの頃には挫折経験も蓄積していますので、ますます頑張れなくなってしまうのです。こうなりたいといった目標が立てられないから頑張れない、努力できないという訳です。

犯罪に繋がることも

この見通し力の弱さは犯罪に繋がることもあります。例えば、お金がないけれど急にお金が必要になったと仮定します。そこに、目の前に大金をもった人が現れた。その時、そのお金を奪えばどうなるか。一時的にはお金が手に入るかもしれません。しかしその後、警察に逮捕されるかもしれない。そのことを見通すことができれば、お金を無理やり奪い取ることを躊躇するかもしれません。この場合、2ステップ以降を考えることができれば犯行に至りません。

お金が必要→目の前の人から奪い取る（1ステップ）→警察に逮捕されるかもしれない（2ステップ）→他の方法を考えよう。誰かに借りようかな（3ステップ）

しかし1ステップ目までしか考えられなければ、無理やり奪い取ってしまう、つまり強盗をしてしまうことに繋がるのです。その結果うまくいけば〝またやろう〟になりますし、うまくいかなかったら未遂に終わったり、逮捕されたりするのです。

お金が必要→目の前の人から奪い取る（1ステップ）→うまくいった、うまくいかなかった世間の事件を見てみますと、犯罪者があまりに後先を考えずに行動している例が多いように感じます。彼らは、こういった先を見通す力の弱さがあるのではないか、とも推測されます。

堅実な目標が立てられない

これらの見通す力は、目標を立てる際に必要となります。

夏休み明けに実力テストがあるから上位50番以内に入るという目標を立てよう、秋には部活の大切な試合があるからそこで勝つという目標を立てよう、欲しいものがあるから秋までに10万円ためる目標を立てよう、といった感じです。これはあくまで等身大の堅実な目標です。見通しの力が弱くても、目標自体は立てられます。

かつて少年院の非行少年たちに、「5年後、どうなっていると思う?」といった質問をしていました。まだ10代の少年たちです。答えは、〝仕事をきちんとして結婚して幸せな家庭を築いている〟といったものが多かったのですが、彼らの中には性犯罪で少年院に入っている少年たちも少なからずいました。彼らの立場を考え合わせると、それらの見通しは現状とかけ離れているのでは、と感じることがしばしばありました。

また〝芸能界で歌手になっている〟と答える少年も意外といました。風貌からはとても想像できない少年も多かったので、自尊心を傷つけないように「歌手は相当厳しいのでは？」と問いかけてみると、少年たちは「ずっとなりたいと思っていたんで」と真摯に答えるのです。将来を見通す力の弱さ、等身大の自分をみる力の弱さを感じずにはいられないことが多くありました。

等身大の現実的な目標であれば、頑張れば実現することは可能です。それが自信となり、次の目標と頑張りに繋がっていきます。しかし現実離れした目標は、頑張っても実現は困難で、多くが途中で挫折します。そうすると、その度ごとに自信を失い、もう頑張れなくなってしまうのです。ここにも認知機能の中に含まれる先を見通す力の弱さが関係しているのです。

欲求段階の問題

これは第1章の冒頭でも少し述べたことですが、頑張れない理由としては他に、欲求段階の問題もあります。やってみたい、頑張りたい、という気持ちは自己実現の欲求でもあります。心理学者のアブラハム・マズローが提唱した欲求の5段階説によると、自己実現の欲求は最終段階であり、それは、〝生理的欲求〟〝安全の欲求〟〝社会的欲求／所属と愛の欲求〟〝承認の欲求〟の4つの欲求の土台の上にあるとされています。この4つの欲求が満たされて、初めて自己実現の欲求が出てくるのです。

〝生理的欲求〟は、人の最も基本的なものであり、食べ物、酸素、睡眠などへの欲求です。食べ物がなく生きるか死ぬかといった状態では、何かに頑張りたい気持ちは出てきません。次の〝安全の欲求〟は、例えば小さな子どもが、母親が自分を見守ってくれていることを確かめながら見知らぬ周囲の世界を探索しはじめる様子を想像してください。もし、急に母親の姿が見えなくなると、不安になって周囲を探索しなくなってしまいます。つまり安全が保証されず、危険にさらされていて不安な状態（例えばいくら食べ物があっても住む家がなく野宿している状態など）だと、やはり頑張りたい気持ちも出てこないのです。

次の〝社会的欲求／所属と愛の欲求〟は、自分のいる集団の中で一つの位置を占めたいと感じ、その集団の中の人間関係において信頼で結ばれた愛情を欲することです。もしいくら食べ物があって住む家があっても、愛情もなくそこの住民の一員とみなされない状態では、やはり頑張りたい気持ちは出てこないのです。

最後に〝承認の欲求〟ですが、これは他者から尊敬されたい、認められたいといった欲求を指します。たとえある集団の一員として生活していても、いつまでたっても尊敬されない、認めてもらえなければ頑張ろうという気持ちもなかなか湧いてきません。

もし、ここである子どもが養育者から虐待など不適切な養育を受けていれば、〝生理的欲求〟〝安全の欲求〟〝社会的欲求／所属と愛の欲求〟〝承認の欲求〟の4つの欲求がどこかで、もしくは複数で満たされていない可能性があります。食事を与えられない、暴力を振るわれる、無視される、言葉の暴力を受ける、などがあれば、それは頑張ろうという以前の問題であり、やはり頑張れない状態になってしまうのです。

これらの背景が透けて見えるケースは学校でもよく聞きます。学校コンサルテーションなどで先生方から、気になる子どもたちについて、「この子は家庭の様子が分かりません」「ひょっとしたら虐待のようなことも心配されます」と話されることがよくあります。同時に、そうした生徒について、「学校で勉強のやる気がないんです。どうやってやる気を出させたらいいでしょうか？」といった質問がなされることもあります。この質問に対しては、私から「もし先生が、食べ物が全くないとか、家が火事になって住むところがないような状態だとしたら、仕事を頑張れますか？」とお聞きします。すると、そこでやっと、子どもの勉強のやる気についても同様だと分かってもらえます。勉強のやる気がない、ということ自体が虐待の一つのサインであったりしますので、そういったケースは特に注意が必要です。つまり勉強のやる気がない子、頑張れない子がいれば、その背景にひょっとしたら虐待や養育環境の課題がないかの確認も必要になってくるのです。

みんなと同じになりたい

頑張れない彼らは次第に、自身のことに気づいてきます。自分の力のなさに気づいてくるのです。そんなとき周囲からかけられる声があります。

〝そんなことあまり気にしなくていい〟
〝あなたには得意なこともある〟
〝もっと自分に自信をもって〟

といったものです。

しかし、そう言われてもやはりできないことは気になるのです。「どんな人になりたいですか？」という問いかけに対する、勉強がかなり苦手な境界知能の一人の中学生による答えに印象的なものがありました。

「頭がよく気遣いもできて皆から頼られる人になりたい。先生は私のことを、皆と頭のレベルが違うから頭がよくない生徒だと思っている」

境界知能であれば、中学生でだいたい小学校中学年くらいの精神年齢と推定されます。最初、私はてっきりその子はそこまで自分のことに気づいておらず、勉強ができないことをあまり気にしていないのだろうと思っていました。しかし、自分の思い違いを恥じました。みんなと同じようにできるようになりたいのです。

〝決してやる気がない訳ではない〟
〝分かっているけどできない〟
〝でも結果を出したい〟

〝評価されたい〟
〝人目が気になる〟
〝自分のことを分かってほしい〟

そんな心の叫びが聞こえてきました。

〝みんなと同じでなくていい〟も支援者がよく使う言葉の一つですが、本人たちの心の底には〝みんなと同じになりたい〟という気持ちが必ずあると私は思っています。そういった彼らは、〝できない自分に時間をかけて少しずつ折り合いを付けながら、事実を受け止めていく〟過程を通して、本来の自分の在り方を見つけていくことになるのでしょう。

しかし、その過程を考慮しない支援者からの中途半端な声かけは、逆に彼らを追い詰めてしまうこともあります。実は、そういった声かけが彼らに余計な負荷をかけて、やる気を奪っている可能性すらあります。さらに問題なのはそういった声かけをする支援者には悪気はなく、むしろ元気づけよう、励まそう、といった気持ちや、よかれと思ってやっているケースがあることなのです。

次章では、そういった支援者からの声かけで逆にやる気を奪われてしまうケースについて紹介していきます。

第4章　やる気を奪う言葉と間違った方法

やる気を奪う大人

これまでは本人目線でのやる気の出ない背景について述べてきましたが、やる気の出ない、頑張れない理由は他にもあります。周囲の人々の何気ない言動によってやる気をくじかれる、奪われてしまうようなケースです。

みなさんも、何か頑張ろうとしたときに親や先生から何気ない一言をかけられて、やる気を失った経験があるかも知れません。これから勉強しようと思っていたときに、親から「勉強しなさい」と言われてガクッときた、といったように。このような周囲の何気ない一言や、権威を誇示するための言動などによって、やる気を奪われた経験をされている方は多いかと思います。

本章では、本人の問題だけでなく、親や学校の先生、周囲の大人など支援者となるべき人たちが、実は本人のやる気を奪ってしまっている事例を集めています。頑張れないのは本人が理由ではなく、周囲によってそうさせられていることもありうるのです。これらを知れば、こういった言葉かけや働きかけをしなくなるので、やる気を奪うことも減っていくでしょう。実はこれも支援になります。つまり〝余計なことをしないで本人のやる気を削がず、結果的に支援になる〟というわけです。

余計な言葉かけ

ここからは〝やる気を奪う余計な言葉かけ〟を順に紹介していきたいと思います。これらは本人を潰そうとしてわざと言っているとか、悪意があって言っているものでは決してありません。支援者が本人にやる気を出してもらおう、頑張ってもらおうと、よかれと思ってやっている言葉かけなのですが、にもかかわらず、やる気を奪ってしまうのです。

これらの背景には支援者自身が自分の指導や支援に不安を感じた時に、

〝このままのやり方でいいのだろうか〟

〝このまま何も言わなくても大丈夫だろうか〟
〝このまま放っておけば失敗するかもしれない〟
〝自分が言わないと誰も言ってくれない〟

といった思いや焦りを抱きがちなことがあります。結果、本人のために何とかしなければと考えて、つい余計な言葉をかけてしまうのです。本人のためにという気持ちが強ければ強いほど、支援者も真剣にそういった言葉かけをし続けてしまうため、どんどん悪循環に陥ってしまいがちです。

「もっと勉強しなさい」がダメなわけ

ある著名な英語講師の先生が某新聞の取材の中で、子どもに毎日「もっと勉強しなさい」という母親に対して、「もしあなたが周りから毎日『もっと減量しなさい』と言われ続けたらどう思いますか？」といった趣旨の問いかけをされておられました。そんなことを言われ続けたら、そのうち相手に対して殺意に近いものが芽生えるかもしれません。これで「もっと勉強しなさい」がダメなわけが、お分かり頂けたでしょうか。

例えば女性がダイエットしようと思う一つのきっかけに、好きな人に好かれたい、モデルになりたい、といった気持ちがあるとします。でもそれは人から言われることではなく、本人が決めることです。他人が言うのは、大きなお世話です。勉強についても同じでしょう。そもそも人から言われてやることではないのです。むしろ親が子どもの手本となり、勉強してお父さんやお母さんのようになりたい、と思わせる方が近道でしょう。

また、勉強をやる前に、あれこれ言いすぎるのも逆効果です。もしある子がやる気を出して、これから勉強しようとしていた時に、親から「宿題したの？　勉強しなさい」と言われたら、出鼻を挫かれた格好になります。子どもは「そんなこと言われなくても分かっている」と言い返したくなるでしょう。もしそこで子どもがそのまま勉強してしまうと、子どもは単に親の指示に従ったことになってしまいます。また、親のことがあまり好きでなければ、従いたくないから頑として勉強しない、ということもあり得ます。更に悪いことには、もし子どもがそこで勉強すれば、親の方は〝やっぱりこの子は私が勉強しなさいと言わないとしない〟と誤学習してしまい、ますます「勉強しなさい」と言い続けることになります。いずれにしても「勉強しなさい」という言葉かけは単に悪循環を引き起こすだけなのです。

「でもな……」「それは君にも……」

これも代表的なNG な声かけの一つです。

子どもが大人に自分の言い分を聞いて欲しいと、時には必死に、時にはポツリポツリと、話し始めることがあります。子どもへの支援の一つとして〝子どもの話をよく聞いてあげる〟というのは教育界でもよく言われていることです。

しかし、本当の意味で子どもの話を聞いてあげているケースは少ないのです。実際は、親は子どもの話を聞いてあげているつもりでも、途中で割り込んで自分の意見を話したり、説教したり、叱ったりと、自分の考えを子どもに押し付けてしまうケースが多いのです。

少年院でも同じようなことがありました。ある粗暴行為の目立つ無口な非行少年がいて、その処遇に教官が困っていました。ある日、教官が少年から言い分を聞こうと、時間と場を設定しました。すると少年は、教官に日ごろ思っていること、生活上の不満などをポツリポツリと話し始めました。

きっと多くの不満が鬱積していたのでしょう。教官は少年が話し終わるまで黙って聞いていました。そして聞き終わった後、「それはしんどかったな。君の気持ちはよく分かった」と答えました。少年もそれを聞いて、話しを聞いてもらえた、分かってもらえたといった安堵の表情が見られました。私も側で見ていて、これで少年も落ち着くかな、さすがベテランの教官だな、と思った矢先、その教官はこう続けたのです。

「でもな、それは君にも問題があるんじゃないかな……」

私はこの時ほど、〝余計なことを言って……〟と思ったことはありません。教官の説教が続くにつれ、少年の顔はみるみるこわばり、そしてがっかりしたような表情に変わり、もう何も答えなくなりました。一方でその教官は、持論を展開し、黙って聞いていた少年に対して〝これで変わるだろう〟と思っているように見えました。その後のことは想像に難くありません。もうその少年が少年院の教官に対して心を開くことは、相手が誰であってもありませんでした。

みなさんもお分かりのように、その少年は教官からのアドバイスが欲しかったのではなく、自分の鬱積した気持ちを分かって欲しかっただけなのです。ところが、受け入れてもらえるどころか「でもな……」と否定される言葉をかけられ、心を閉ざしてしまったのです。まさに少年の変わろうというやる気を奪った瞬間です。とにかく話を聞いてあげるというのであれば、相手の話が終わっても、一切何もコメントしない方がいいくらいです。

非行少年の保護者の語りに共通するもの

そういった余計な声かけは、これら非行少年の保護者にも共通していたことでした。

少年院では保護者会というものが開かれていました。そこでは非行少年たちの保護者が集まり、懇談会などを行ったりします。時には先輩保護者（既に少年院を出て更生した少年の保護者）にも来てもらって、今の保護者たちと意見交換をしてもらうこともありました。

先輩保護者からは、

「出来ることは何でもやってきた。これ以上何をしろと？」

「親が変われば子も変わるというのはウソだ」

「近所の人から逃げるように生活してきた」

「子どもと一緒に死んだら、全て解決すると思った」

といった悲痛な語りがありました。親はみんな一生懸命向き合ってきたにもかかわらず、非行化してしまった息子たち。そのやるせなさを共感する場でした。先輩保護者も非行少年の親でしたから、今の保護者を決して責めませんし、説教もしません。自分の体験を語るだけなのです。

しかし、保護者の語りをよくよく聞いてみると、共通していた話がありました。「お母さんはいつも僕の話を聞いてくれない、友だちは聞いてくれるのに、ってよく言われました」と複数の保護者が語っているのです。それを聞いて他の保護者たちも「うちもそう言われた」と語られていました。保護者側にも、子どもたちの話を聞けないさまざまな事情があったと思いますが、子どもにとっては聞いてもらっていなかった体験が残っていたのです。

イジメに遭ったときや困ったことがあったときに、親に何か言ってもしっかり聞いてもらえなかったり、聞いてもらっても最後に「でもな、それは……」と切り返されたり、逆に説教されたりしたのかもしれません。そういったことが続けば、次第に家に居場所がなくなり、親に心を閉ざします。否定せずに話を聞いてくれる仲間を求め、夜の街に出かけて行くことも容易に想像されるのです。こうした非行少年の保護者の語りからも、〝ただ聞くだけ〟がいかに難しかったか、そしていかに大切かを知ることができます。

「もっとできるはずだ」

子どもが少し頑張った後に、大人が〝やればできるじゃないか。ではもっと伸ばしてやろう〟と期待して「もっとできるはずだ。もっと頑張れ」と子どもに声をかけることがあります。子どもは既に限界まで頑張ったのかもしれません。でもさらに「もっとできるはずだ」と言われると、どこまで頑張れば認めてもらえるのか終着点が見えず、不安になってやる気を失うことがあります。

子どもによっては何でもそつなくこなし、まだまだ余裕があるように見えることがあります。そこで、大人の方はやる気があればいくらでも支援するよといった気持ちを抱くのでしょうが、それは大人の一人合点だったりします。子どもからすれば自分のペースを知って欲しい、自分が何を求めているかを知って欲しい、もっとありのままの自分を見て欲しい、といった気持ちでいっぱいなときもあります。しかし大人は、これまで何でもやれたのだからもっとやりたいのだろうと、思い込んでしまうのです。

これはある大学の先生の話ですが、その先生は子どもの頃から優秀で、何でもできたので、親や先生から「もっとできるはずだ」と言われ続けたそうです。やってもやっても次々に色んな課題を与えられ続けました。そうした経験を経た今、その先生が一番嫌いなことは〝人から期待されること〟とのことでした。期待されると逃げ出したくなるらしいのです。

できる人はどうしても周りから期待されてしまいますが、過剰な期待は周囲のエゴでもあり、その人からやる気を奪う過ちかもしれません。

「だから言った通りでしょ」

失敗の後のダメ出しもあります。親や大人の言うことを聞かずに、子どもが何かにチャレンジしてその結果、失敗したとき、周囲の大人は「だから言った通りでしょ」と言ってしまうことがあります。大人は子どもに〝やったらできる〟といった成功体験をもたせようという思いがありますが、その思いが強すぎると、逆に子どもに失敗させたら駄目だと考えてしまい、無茶をさせないようにしてしまいます。

大人としてはハラハラするし、不安やいら立ちも感じます。そういった子どものチャレンジに何か一言、言いたくなってしまうのも無理はありません。特に少し危ないような場合にはなおさらです。でも、親の意に反して子どもが何かにチャレンジして失敗してしまっても、「だから言った通りでしょ」とダメ出しをするのは逆効果です。

何かにチャレンジして失敗した場合、一番辛いのはその子ども自身のはずです。子どもとしては、駄目だった自分を逆に慰めて欲しいという気持ちもあります。しかし実際は、慰められるどころか〝ダメ出し〟され、とどめを刺され傷つく。すると、「だったら、もうやらないでおこう」と、やる気をなくしてしまうことにも繋がってしまうのです。ここにも子どものやる気を奪っている大人の余計な一言がみてとれます。

「どうしていつもあなたは……」

子どもと何か約束して、子どもがそれを守れないと、大人はついいら立って「どうしていつもあなたはそうなの？」と強い怒りを示してしまうことがあります。

しかし子どもには、そのつもりがなくても、頭では駄目だと分かっていても、理由なくやってしまうことが数多くあります。できない約束もしてしまいがちです。誰かを叩く、嘘をつく、約束を破る、などどうしても自分でコントロールできないことがあるのです。

親が「どうしていつもそうなの？」と叱るのは、子どもの行動を正そうとしてのことに過ぎないかも知れません。しかし、約束を守れなかったことに後ろめたい気持ちをもちつつも、行動をなかなか変えられない子どもにとっては「どうしてあなたはいつもそんな性格なの？」と、行動ではなく自分の性格を叱られているように聞こえてしまうのです。

子どもも、次こそはしっかり守ろうと思っていても「どうしていつもあなたは……」と既に変えられない過去の失敗を叱られると、黙っているしかありません。言い訳は、大人をさらに怒らせます。このサイクルが、子どもを追い詰め自信をなくすことに繋がるのです。

勉強が好きになれば勉強ができるようになるという思い込み

ここからは声かけ以外の大人（支援者）の間違った支援方法について述べていきます。これは我々大人も大きな勘違いをしているところでもあります。勉強が苦手な子に対して、〝勉強が好きになれば勉強ができるようになる〟という思い込みです。

そんな思い込みがあると、勉強の楽しさを色々と教えようとして、子どもに余計な負担をかけがちです。ここでみなさんは次のように思っておられないでしょうか。

勉強が得意＝勉強が好き
勉強が苦手＝勉強が嫌い

これは一見正しそうに見えますが、当てはまらないケースもよくあるのです。勉強が得意な子でも実は勉強が嫌いだったという子もいますし、勉強が苦手でも勉強すること自体は楽しいと思っている子もいるのです。特に後者は、誰か安心できる人がそばにいてくれて一緒に取り組んでくれれば、たとえテストの点がよくなくても勉強自体は好きなこともあります。特別支援学級の子たちは決して勉強が得意とは言えませんが、みんな苦しそうな、辛そうな面持ちをしているわけではありませんし、特進クラスの優秀な子たちがみんな楽しそうな表情をしているようにも決して見えません。

こういった例は、

人付き合いが上手い人＝人が好き？　人付き合いが苦手な人＝人が嫌い？
スポーツが得意な人＝スポーツが好き？　スポーツが苦手な人＝スポーツが嫌い？

と並べてみると思い込みであることがよく分かります。

では、逆に勉強が嫌いという理由は何でしょうか。何度も言いますが、子どもの場合、学問自体を楽しみたいから勉強しているという子は恐らくごく僅かでしょう。それでも勉強するのは、友達と一緒に勉強できる、親が一緒に寄り添ってくれる、頑張ったら褒めてもらえる、といった動機づけの方が先にくるからではないでしょうか。逆にそれらの動機づけがなければ（一人で勉強しなければいけない、誰も褒めてくれない）、勉強をしたくない、つまり勉強嫌いになってしまう可能性だってあるのです。

特に思春期の頃は不安定です。友達の家では親がいつも寄り添ってくれているのに自分はいつも一人ぼっち、といった寂しさを感じると、一緒に遊んでくれる友人を求めて夜の街に出かけてしまうこともあります。

勉強は子どもにとって大変な体験です。一緒に取り組んでくれる人が大きな鍵となるのです。一緒に取り組んでくれる人は、第6章でご紹介する〝伴走者〟という位置づけになります。

保護者が先生の不満を言うと

保護者がつい子どもの前で先生の不満などを漏らしてしまうことはままあるでしょう。保護者は、子どもに少しでもいい教育を受けて欲しいと思うあまり、そういったことがあまり期待できない先生には不信感を抱きがちです。それは仕方ないところもありますが、子どもの前でその不満を漏らすと、また別の問題が生じてしまいます。例えば親が子どもの前で「あの先生、何か頼りないわね」と言うような場合です。

通常、子どもは親の言ったことが気になります。もし、先生のことを頼りないと言われると、子どもは先生のことを疑い始めます。先生の指導の一つ一つを疑い始めるのです。そこでもし先生が「勉強頑張ろうね」と言えば、子どもはそれも疑ってしまいます。もともと頑張れない子であれば、それを口実にもっと頑張らなくなることも十分にあり得るのです。子どもは一番身近な大人の言動をもとに人を判断しているのです。

後のフォローがない指導もどき

本人に頑張ってもらおうといった意図で、学校に限らず職場でもさまざまな指導や支援がなされています。しかし、これらの指導が形骸化し、単に指導者の地位や立場を誇示するために使われる場合があります。そうなると、それは指導や支援ではなく単なる威圧や嫌がらせであり、やる気を奪うどころの話ではなくなることもあります。その代表的なものが、〝後のフォローがない指導もどき〟です。

これは医師の世界でもよく起こります。私もまだ医師になって日が浅い頃、何度かこの〝後のフォローがない指導もどき〟の洗礼を受けました。研修医の頃などは何もできなくて当たり前ですが、そこから上級医の指導を受けて少しずつ知識や技法、手技を身に着けていきます。その際、場合によっては厳しい指導もありますが、その背景には〝一人前の医師になってもらうために〟といった目的があります。

私が経験した指導も、多くがこういった温かさが感じられるものでしたが、中には単に自分が上級医であることを誇示するためだけの指導もどきもありました。例えば、「こんな治療法をやっていると医師として使えない。もう患者は診せられない」と厳しい言葉を発し、実際に患者の診察を止められたこともあります。それだけならよくあることかもしれませんが、問題なのはその後、何もフォローしないようなケースです。また他の医師が大勢いる前で叱責したり、それを当たり前のように見ている冷ややかな医局員がいたりと、新人を育てようといった気配がまったく感じられない病院もあるのです。指導は〝自分たちの威厳を誇示する〟目的のみで、〝自分の方針に従わない医師は不要〟という雰囲気の医局もありました。

厳しい指導を否定する訳ではありません。指導され、時には叱責されても、ではどうしたらいいのかが分かり、相談できる誰かがいて、その後の指導方針も明確にされているなど、しっかりとした受け皿が用意されていれば問題ないのです。しかし厳しい指導と叱責の後、辞めてくれと言わんばかりの圧力をかけるだけでは、支援とも指導とも言えません。これらは単なる指導する側のエゴで、場合によってはパワハラにも相当します。

こういった指導もどきは学校現場でも見られます。教師の威厳を示すためだけに厳しく指導し、その後、何もフォローしない。こういった類の振る舞いはおよそ支援などと言えるものではなく、単に子どもからやる気を奪うだけの悪弊のようなものでしょう。むしろ有害です。

子どもを厳しく指導する以前に、子どもの未来を考えた上でなければ、フォローなどしようがありません。子どもたちは、大人の指導の背景に愛情や熱意があるかどうかを敏感に感じ取ります。単に威厳を示すだけの指導もどきはすぐに見抜きます。愛情や熱意のない厳しい指導や叱責は、大人への信頼感を失わせ、彼らのやる気をますます奪うことになります。これは、本人のその後の人との関わりにも、多大な影響を及ぼすでしょう。

場違いな褒め言葉

『ケーキの切れない非行少年たち』では、〝褒める教育だけでは問題は解決しない〟という私の考えをご紹介しました（第6章）。例えば勉強が苦手な子に、勉強そのものを支援せずそれ以外のことを褒めても根本的な解決にはならない、という趣旨でした。

もちろん褒めること自体を否定するものではありませんが、ここではもう一歩進めて、褒めることで逆に子どものやる気や保護者の気持ちを奪ってしまう例をご紹介します。それらが「場違いな褒め言葉」です。

これは、誰からどういう時に褒められると嬉しいかを、皆さん自身にご想像頂いたら分かりやすいと思います。例えば、自分が嫌いな人をひとり思い浮かべて下さい。彼、ないし彼女からどうでもいいようなことで褒められたとしたら、いかがでしょうか。あなたがたまたまゴミを拾っているところを見られ、「君は素晴らしい」と褒められたとしたら？　嫌味にしか聞こえないでしょう。

では、同じ事を、自分が尊敬する人に言われたらどうでしょうか？　あなたが一生懸命努力し、やっとの思いで成し遂げたことや、汗だくになって行ったボランティアなどに対して、自分が尊敬する人から「君は素晴らしい」と一言褒められたら、本当に心に響くでしょう。褒め言葉が相手の心に響くかどうかは、誰からどういうときに言われるかにかかっているのです。

相手の状況も知らずに褒めることは、逆効果になることもあります。例えば保護者が色々と悩んだ挙句、学校の先生に「うちの子はこんなに大変なんです」といった感じで子どもの相談をした際に、「○○君はとてもいい子ですよ。優しいところがあって。この前も……」と返したりする場合です。タイミングによってはうまくいくケースもあると思いますが、保護者は〝この先生は息子のことを何も分かってくれていない〟と逆に不信感をもつこともありえます。

この場合の保護者は、具体的な相談をしたいというよりも、まずは子どもの状態について共感してほしい、自分のしんどさ、大変さを分かってほしい、といった思いを強く持っていただけかも知れません。だとすれば、子どもを褒めるよりも親に対する共感の言葉の方が響くはずです。このケースで安易に子どものことを褒めてしまうと、親のやる気を奪ってしまうことにも繋がり兼ねないのです。

こんな話も聞きました。児童相談所のケースですが、ある虐待してしまう母親に対して、年下の若手女性職員が「最近、お母さん、頑張っていますね」と褒めたら、それを聞いた母親は「あなたに何が分かる！」と逆上したというのです。

これまでの自分の子育てを否定され続けたり、子どもを一方的に保護されてしまったりした母親にとって、児童相談所は場合によっては敵になります。子どもを保護されないよう、もしくは取り返したいために、仕方なく言うことを聞いていることもあります。そんな関係性の児童相談所の職員から褒められても、母親の心に響くどころか、評価されているように聞こえてしまい、それが怒りに繋がったのです。そうなると、〝この人の支援なんて受けたくない、誰も分かってくれない〟と感じ、この母親は、頑張ることを支えてくれる支援者を自ら遠ざけてしまうことになります。

このケースは、本人に頑張ってもらうために「褒める」行為だけをしても、苦い結果になる場合があることを教えてくれます。相手がどんな状態で、支援者にどんな心証を持っているのかということを考えないまま一方的に〝褒める〟ことで、逆に相手を深く傷つけてしまうこともありうるのです。

〝親の愛情不足では？〟という言葉の凶器

実は支援者も、自分の指導や教育法がこれでいいのかと不安になることがあります。本当に正しいのだろうか、このまま何も言わなくても大丈夫だろうか、といった不安や、他の支援者（例えば、教師なら保護者に対して、保護者なら教師に対して）への過剰な期待や不信感などから、子どもだけでなく他の支援者にも余計な一言を言ってしまう場合があります。相互に余計な一言を投げ合い、支援者どうしでやる気を奪い合ってしまうこともあります。その最たるものが、子どもに何か問題があった際、支援者から未だに聞かれる〝親の愛情不足では？〟といった言葉です。

私はこれまで、さまざまな子どものためのケースカンファレンスや研修会に出ていますが、子どもに何か問題行動があった場合、大抵この〝親の愛情不足では？〟という意見が出てきます。悲しいことに、それを聞いてみんな「そうかあ……」と安心してしまうのです。

支援者は、寂しさから不適応を起こしているかもしれない子どもを目の前にすると、親に対してつい、〝子どもにもっと愛情をかけて欲しい〟〝愛情が不足しているのでは？〟といった気持ちをもってしまいます。さらにそう思う背景には〝親が仕事ばかりで子どもがいつも一人ぼっちだ〟〝子どもにかまってあげていない〟といった憶測もあったりします。しかし、程度がどうであれ、頑張ろうとまったく思っていない親などほとんどいません。それでも、どうしようもないような状況に追い込まれていることもあります。

親も子育てに不安を感じています。仕事が大変でも、子どもに寂しい思いをさせないよう、周りからもそう思われないよう、気を遣っているところもあります。そのような状況の中で、さらに〝愛情不足では？〟とまで言われたら、それは何の解決にもならないどころか、余計に親を追い詰める凶器になるのです。

また、たとえ直接保護者にそういった言葉かけをしないにしても、

「きっと寂しがっていると思います」

「お子さんと話す時間を作っていますか？」

といった言葉かけでも、心では〝愛情不足では？〟と感じている支援者の気持ちは必ず保護者に伝わってしまいますので、ますます保護者のやる気を奪ってしまいかねません。

愛情のない励まし

自分が嫌いな人から励まされて、人はやる気を持つようになるでしょうか？　誰かがアドバイスをしてくれるにしても、そのアドバイスをしてくれる人から愛情が感じられなければ、頑張ろうという気持ちになるのは難しいでしょう。頭では分かっているけど気持ちがどうしても……というケースです。ここも支援者が見落としてしまう大切なポイントです。

少年院で勤務していた頃、いい指導をしていて少年から人気のある法務教官は、こう言っていました。

「まずは子どもたちに好かれないといけない。自分も学校でそうだったけど、嫌いな先生にどれだけ正しいことを言われても聞きたくない。嫌だと思う」

さらに彼はこう続けました。

「好かれるというのは決して、甘やかすとか機嫌を取るということではない。子どもに笑顔で挨拶する、名前を覚えている、最後まで話を聞く、子どものやったことをちゃんと覚えている、そんな人と人との基本的な関係なのだ」

これは子どもに限らず対人関係の基本だと思いました。確かに、その法務教官は少年たちだけでなく職場のみんなからも好かれていました。子どもへの指導の前に、まず〝職場の同僚や身近な家族に対してきちんとした対人関係の基本ができること〟が第一と感じました。これは実際にはなかなか難しいことですが、とても参考になります。

この法務教官は、少年たちを大切に思う気持ちにも溢れていました。やはり、子どもたちはそうした愛情を持っている人を、しっかりと見抜くのです。

自尊心は衰えない

自分自身を大切に敬う気持ちである自尊心は、いつまでも衰えない感情の一つです。人間である以上、誰もが自尊心を持っています。自尊心は優劣なく全ての人が死ぬ間際の最後の最後まで持ち合わせているものと思います。
しかし、何度言っても相手に伝わらない場合、つい強い口調で相手を諫めてしまうことはままあります。優しく言っても分からないと、尖ったストレートな言葉できつめに言うこともあります。しかも、愛情とは程遠い、動物的な怒りの感情がついていることもあります。こうした振る舞いや、馬鹿にした態度、粗末な扱い、愛情のない対応などは、全ての人が100%分かってしまいます。

〝理解力がないから分からないだろう〟

そのような誤った考えは、心の傷を確実に一つ増やすことになります。
もし支援者が相手にやる気を出してもらおうと指導してもあまり手ごたえを感じない場合、本当に相手のことを大切に思って接しているか、ひょっとして相手から嫌われていないか、確かめてみることが大切だと感じます。

第5章　それでも認められたい

「たぶん失敗すると思う。将来」

ここまで頑張れない本人の状況とやる気を奪う周囲の言動についてご説明してきました。一般的に言って、頑張れない人をとりまく状況は、なかなか厳しいものがあります。ところで、頑張れない本人自身は、正直どう感じているのでしょうか。周りから、「できなくても気にするな」と言われて気にならないのでしょうか。ずっと平気でいられるでしょうか。「もっと自分に自信をもて」と言われてもそうできない自分に自信はもてるでしょうか。

何であれ、できないよりはできた方がいいに決まっています。評価されたいし、結果も出したい。これは誰にも共通しているはずなのです。

以下は２０１６年5月に日本テレビで放送されたＮＮＮドキュメント「障害プラスα

〜自閉症スペクトラムと少年事件の間に〜」という番組の中で、インタビューを受けていた小学生が答えていた内容です。ある障害をもった子どもに日常で感じている悩みを聞いてみたものです（ちなみに、私もインタビューを受けたこの番組は、『発達障害と少年犯罪』というタイトルで書籍化されています）。

以下がその子とインタビュワーとのやり取りです。

子ども「（友達は）自分となんか違うと思う。（僕は）すぐ持って来なあかんやつとかが忘れる」

（自分でも気が付いているけれども忘れることを止められない？）

子ども「うん。止められへん」

（将来どういう仕事をしたいとかあるの？）

子ども「たぶん失敗すると思う。将来」

（どうして？）

子ども「失敗ばっかりする」

（それは自分が失敗ばっかりするから将来も失敗すると思う？）

子ども「うん。やるのが苦手。頭を使うのが」

きっとインタビューという場がなければ、この子の本心を周囲の大人が知ることはなかったでしょう。その子は友達と比べて自分はできないことに気づいているのです。そして「できない自分は将来失敗する」と子どもながらに薄々感じているのです。このような子に「できなくても大丈夫だよ」といった言葉かけをして、それが慰めになるでしょうか。慰めどころか逆にその子に惨めな思いをさせてしまうだけではないでしょうか。

〝友達と同じようにできるようになりたい〟

この気持ちは、その子にとって一点の曇りもないでしょう。

こんな自分でも分かってほしい

前章でも述べましたが、本人自身は、頑張らないといけないのは分かっているのです。でもできない、頑張れない、こんな自分のことを理解してほしい、といった葛藤を抱えています。そして、長い時間をかけながら、そういった自分を受け入れていくのです。でも、本当にそれしか方法がないのでしょうか。ずっとできないまま、頑張れないまま、耐えていくしかないのでしょうか。

人はどこかに必ず強みをもっているはずです。ただこれには個人差もありますし、置かれた環境や周囲にいる人たちにも大きく影響を受けると思いますので、一概には言えないでしょう。一方で、頑張れないと思われている人たちでも、全てに頑張れないわけではありません。ある場所や状況では、周りが驚くほど頑張れることがあるのも事実です。本人の特性に沿った支援をし続ければ、その強みを引きだすことも十分可能だと私は思います。では、そういった強みを引き出すきっかけは何なのか。本人の強みは何なのか。ここでは本人目線で頑張れるためのヒントを探っていきたいと思います。

引きこもりでもコンサートには行ける

私は精神科病院で勤務していた頃、思春期外来も担当していました。患者の多くは10代後半の女性たちでした。学校にうまくなじめず不登校や引きこもりになっていたり、うつ病になったりしている子たちです。勉強もしない、運動もしない、もちろん外出もしない、ひたすらＳＮＳで繋がっているだけ、といった子たちがほとんどでした。

中にはリストカットなどの自傷の跡がある子や、処方した薬を大量服薬して救急外来に運ばれる子もいました。彼女たちはとにかく人が怖く、一人で電車に乗るのですら、かなりの冒険のようでした。なかなか出口が見えないまま、20歳を超え成人外来に移っていく子が多くいました。にもかかわらず、彼女たちの中には好きなアーティストのコンサートなら、どんなに遠くても行ける子が一定の割合でいました。

人が怖くてずっと引きこもっている子が、好きなアーティストのコンサートのためなら、大阪から東京まで新幹線に乗って一人で出かけるのです。彼女は、ＳＮＳで知り合っただけの一度も会ったことのない知人宅に泊まらせてもらっていました。しかも翌日の早朝には東京を出発して、診察の予約時間にギリギリ間に合うように帰ってこられるのです。それだけのエネルギーとモチベーションはいったいどこからきているのか、いつも不思議でした。

おそらく我々支援者が知らない〝これのためなら頑張れる〟〝これがあるから頑張れる〟といったものを、誰しもがもっているのでしょう。そこにスイッチが入れば、時には信じられないような頑張りを発揮する人たちもいるのです。支援者の役割はそこのポイントをいかに見つけて、いかにスイッチを入れてもらうか。これこそ失われたやる気を復活させる鍵なのではないかと思っています。

一方でこれは、「ふだん何もしないくせに、コンサートには行っているなんて」と、非難の的になりがちなのも事実です。自分の好きなことだけしている勝手な人、わがままな人、というレッテルを貼られるかも知れません。しかし、そのように見られる行動であっても、本人の支援をするために有効なリソースの一つとしてみることが大切なのだと思います。

〝非行少年たちの3つの願い〟から学ぶこと

ところで、みなさんが頑張りたいと思う動機づけは何でしょうか。例えば、お金持ちになりたい、出世したい、いい学校に合格したい、いい会社に入りたい、好きな仕事をしたい、大きな仕事をしたい、彼氏・彼女が欲しい、異性にもてたい、結婚したい、子どもが欲しい、いい車が欲しい、痩せたい、背が高くなりたい、イケメン・美人になりたい、世界旅行したい、美味しいものを食べたい、友達から尊敬されたい、人から感謝されたい、親から誇りに思われたい、人の役に立ちたい、いい人間になりたい……など、人には多くの願望があります。これらの願望のために頑張るといった動機づけがあって、はじめて人は頑張れます。やりたくないことを頑張りたいとは誰も思わないでしょう。ここに頑張れない人たちから力を引き出すヒントがないか、考えてみる価値はありそうです。

頑張るための動機づけは、人によってさまざまです。私は、〝ケーキの切れない非行少年たち〟はいったいどのような願いをもっているのか、とても気になっていました。少年院に入ってきた頃は、意気消沈して何事もやる気がなかった彼らも、出院が近づいてくると社会でもう一度頑張ってみたい、色んなことにチャレンジしたい、といった気持ちを持つようになります。どうしてそう変わったのか。もしそれが分かれば彼らの動機づけの解明にもなり、他の人たちのやる気のヒントにもなるかもしれません。

そこで、私が少年院勤務時代に何年間かにわたって彼らから聞き続けてきた〝３つの願い〟というものをご紹介したいと思います。これは、「もし、どのようなことでも願い事が３つかなえられるとしたら、どのようなことをお願いしますか」といった問いに対して、彼らが出した答えです。

以下は、６年間で約３８０名の少年院在院の非行少年から聞いた３つの願いトップ10

です。最初が少年院に入院したとき、後が少年院から出る直前に聞いたものです（人数は重複ありです）。

（入院時）

1位　お金持ちになりたい（85人）
2位　過去に戻りたい（59人）
3位　家に帰りたい（少年院から出たい）（49人）
4位　家族が幸せになる（34人）
5位　仕事がしたい（28人）
6位　非行をしない（25人）
7位　生まれ変わりたい（20人）
8位　賢くなりたい（19人）
9位　自分を変えたい（17人）
10位　自分が死なない（15人）

（出院時）
1位　お金持ちになりたい（94人）
2位　家族が幸せになる（90人）
3位　過去に戻りたい（66人）
4位　将来なりたい職業が実現する（26人）
5位　自分が死なない（24人）
5位　非行をしない（24人）
7位　結婚して子どもが欲しい（21人）
8位　幸せになりたい（16人）
8位　イケメン、マッチョ、高身長になりたい（16人）
10位　仕事がしたい（14人）

いずれもトップはお金ですが、これは我々でも言えるかと思いますので、特に不思議ではありません。他をみると、次のようなことがみえてきます。

・入院時の願いごとは、お金、過去に戻りたい、家に帰りたいが圧倒的に多いが、出院時になると、家族の幸せが2位に上がってくる。

・仕事に関しては具体的な職種を挙げるようになった（しかし総理大臣や歌手など少し現実離れしているものも見受けられた）。

・入院時に比べ、出院時にはイケメンになりたい、高身長になりたいなど外見の願いが増えた。

・自分が死なない願い（生きたいという気持ち）が増えてきた。

現実的な願いも増えてきますが、一方で、自分だけのことよりも家族との関係を切望する少年が増えたこと、将来の具体的な仕事など〝やってみたい〟という気持ちが出てきたこと、は注目に値するかと思います。少年院の環境の中で、入院当初は絶望していた少年たちでも、やりたいことを見つけ、他者とうまくやっていきたいといった気持ちが生じてくるのです。

社会では挫折ばかりが多かった彼らでも、環境が変わった、寄り添ってくれる人ができた、自身への気づきの機会があった、ということで、ポジティブに変化していく可能性があることを私は知りました。

これがあるから頑張れる

少年院には勉強も苦手、コミュニケーションも苦手、運動もできない、仕事も長続きしない、異性にももてない、家庭環境も虐待などがあり複雑でとても安定しているとは言えない、といったある意味、自信を持てることが何もない非行少年たちもいます。非行化しない方が不思議なくらいです。

約1年弱の少年院生活を経て、出院が近づいてくると、そういった少年たちはとても不安になってきます。このまま社会に出てもやっていく自信がない、と。それもそのはずで、少年院に入ることになった環境や原因が、たった1年弱くらいで大きく変わっていることなどないからです。むしろ社会は、彼らに少年院帰りというレッテルを貼り、より厳しく接してくる可能性が高い。実際、少年院入院者の約4割が25歳になるまでに罰金以上の刑事処分を受けていたという調査結果（2011年版犯罪白書）もあります。

私も出院直前の彼らとの面接で、このままだとまた再非行するだろうなと感じつつも出院させなければならない現状を認め、やるせない思いを抱いてきました。少年院では、社会の受け入れ状況まで変えることはできないのです。

しかし、一方で気づいたことがあります。そんな彼らでも、自分の夢について語るときには、目が輝いているのです。将来の夢を聞くと「社長になって従業員を養う」「大きな家に住んで家族と幸せに暮らす」「農業をやりたい」「お年寄りが好きだから介護職につきたい」……といったものが出てきます。これらを語るとき、彼らの表情は生き生きとしています。彼らを取り巻く過酷な状況の中でも、この目の輝きが彼らに残された唯一の希望ではないかと感じます。やりたいことだから頑張ってみる、夢だから頑張ってみる、もう彼らを動かす原動力はそれしかないのではと感じるのです。

ところが、大人は「そんな夢を追いかけずもっと現実的に……」と、口には出さずともっと彼らに合った等身大の仕事を紹介しようとします。彼らは落胆し、一時的には従うかもしれませんが、すでに目は輝いてはいません。そして、すぐに仕事を辞めて転々としてしまうのです。我々大人ができるのは、彼らの夢がどんなに現実離れしていようが、彼らが心からやりたいことを真摯に応援することだけしかないと感じるのです。

やる気のスイッチをいかに押してもらうか

また、先の3つの願いの結果からは、非行少年でも頑張るための動機づけとして、お金持ちになりたい、自分が認められたい、尊敬されたい、といったものと同時に、自分以外の人が幸せになってほしい、といった願いが強くなってくることも分かりました。家族や恋人、そしてこれから作っていく家族かもしれませんが、彼らも自分の欲望のためだけではなく、他人のために頑張りたい気持ちがあるのです。全員がそうとは言えませんが、〝誰かのために頑張る〟ことがやる気を出すための一つのきっかけになるとするなら、逆にそういった対象を作ってあげることで、頑張りのスイッチを押しやすくする、という方法も考えられます。

しかし問題なのは、そのスイッチをいかに本人に押してもらうか、というところです。我々支援者は、頑張れない人たちのスイッチを押そうとあれやこれやと手を尽くしますが、たいていが上手くいかないと前章でもご紹介しました。『ケーキの切れない非行少年たち』の中でも、〝子どもの心の扉の取手は内側にしかついていない〟ことをご紹介しましたが、やる気のスイッチについても同様で、取手は内側にしかついていないと思います。もし支援者が外から無理やり押そうとすると、扉を閉めてしまうこともあります。もっと悪いのは、支援者が無理やり扉を開けてスイッチを壊してしまったり、この子にはやる気スイッチはついていないだろうと、最初から決めつけてしまったりすることです。

最初からやる気スイッチはついていないだろう、と決めつけてしまうことについては、私にも反省すべき出来事がありました。少年院の子たちは、社会で多くの挫折を経験し、やる気の面では期待できない少年たちでした。頑張るとしても最初だけで、持続しないのです。ある少年（仮にB少年とします）も例にもれず「やっても無駄だから」「なぜやる必要があるんですか」「〝やれ〟って言われたらやりますけど」といったことが口癖でした。

しかし、そんなB少年でも別の顔を見せたことがありました。私のいた少年院では、運動会の行事の一つとしてソーラン節をみんなで踊るのですが、なかなか覚えられない少年たちもいて、教官たちはとても苦労していました。その中の一人に、何をやるにしても文句が先に出て、いつもやる気のないB少年もいました。案の定、彼は最初からいい加減に練習をやっていて、私も「やはりな……」とやや冷めた目で見ていました。

しかし、運動会が近づくにつれ、次第にB少年の表情が変わってきたのです。ソーラン節は、みんな揃って踊らないといけないのですが、みんなと一緒にある一つのことにチャレンジするという体験は、彼にとって物心がついて以降、恐らく初めてだったかと思います。

本番では保護者も見にくることもあって、B少年はこれまでに見せたことのない必死な表情でソーラン節を汗だくになって踊っていました。私は、B少年はきっと〝こんなの馬鹿らしい〟と感じて手を抜いて踊るのだろうと思い込んでいたのです。しかし違いました。私が彼の本当の姿を知らなかっただけだったのです。本当は彼にも、いっぱい頑張れることがあったのです。彼の本当の姿を知らず、やる気スイッチなんてついていないだろう、と早合点してしまった私が反省すべきだったのです。

一見何に対しても頑張れないように見える相手でも、それは単に我々が彼らの本当の姿を知らないだけかも知れません。このソーラン節を通じて、頑張れないように見える彼らでも、〝自分で主体的にやってみたい〟との思いでスイッチを押せば、別人のように頑張れるのだということを思い知らされたのを覚えています。

頑張りたくない理由

では今度は逆に頑張りたくないときを考えてみましょう。

みなさんはどんなときに頑張りたくないでしょうか。以下、ウェブ上から勉強が嫌になる理由と仕事が嫌になる理由を集めて列挙してみました。

（勉強）

・内容が難しい
・暗記が苦手
・計算が嫌い
・テストで点が取れない
・内容が面白くない
・受験の科目でない

・比較されたくない
・将来役に立たない
・目的が分からない
・親がうるさい

・先生が嫌い

（仕事）

・やりがいがない
・仕事が面白くない
・その仕事が嫌い
・給与が安い
・いつまでやっても終わりがない
・社風が嫌い
・休みが取れない
・長時間が嫌
・通勤がきつい

・自分だけ最初から外されている
・評価されていない

・自信をもってできない
・プレッシャーがある
・自分の力が発揮できない
・人間関係が嫌い
・上司が嫌い
・養う家族もない

いかにも嫌だという気持ちが伝わってきます。これらが複数あると確かに頑張る気持ちは出てきそうにないです。

ところで、勉強も仕事も、それぞれ真ん中で線を引いているのですが、それには理由があります。それぞれ前半は、勉強や仕事そのものに原因がある場合で、後半は、勉強や仕事内容に関係ない原因だからです。

前半の勉強内容や仕事内容はその科目や仕事の固有の問題で、ある意味どうしようもないですが、後半の問題は、勉強の科目や仕事の内容に関係なく、そもそも勉強でも仕事でもよく付きまとってくる問題です。

ではどちらの方が辛いでしょうか。やはり後半の方が辛そうです。ここで共通しているのは、評価されない、一緒にやる人が嫌い、見通しがなく先が見えない、何のためにやるか目的が分からない、といったところではないでしょうか。

評価されない、一緒にやる人が嫌い、という問題については、上司や教師を選べないこともあり、支援者側の考えるべき課題として第6章で紹介してありますので、ここではやる気にかかわる見通し、目的、社会的意義の問題についてのみ、述べていきたいと思います。

やる気に繋がる3つの段階

ではここから、本人が頑張れるようになるために、どうしたらいいかといった視点から、そのヒントを考えていきたいと思います。

心理学者ウイリアム・ミラーらの『動機づけ面接法』（星和書店）という本によれば、動機には、準備（readiness）、意思（willingness）、能力（ability）という3つの大切な要素が含まれているとされます。優先順位の決定やプロセスの見通しなどの準備、変わりたいという気持ち（意思）、変われるという自信（能力）が要るのです。

ただそれらの要素があれば必ず人は頑張るというわけではなく、〝変わりたい、けれど変わりたくない〟といった感情のアンビバレンス（両価性）を抱えつつ、支援者の力も借りながら少しずつ変化していくのが実際のところです。このプロセスは、アルコール依存症の患者などに効果的とされています。

このうち、特に変わりたいという「意思」のところが重要かと思われます。そこで『動機づけ面接法』とは少し離れますが、私のこれまでの臨床経験から分類した、やる気につながるための3つの段階をご紹介します。それらは、〝見通し〟〝目的〟〝使命感〟です。

見通し

第1段階として重要なのは、〇〇をやってみよう、という気持ちが続くかどうかです。第3章でもご紹介した〝見通し〟が極めて重要になってくると考えます。これは、『動機づけ面接法』で言うところの〝準備〟に近いと思います。

ドイツの強制収容所から生還を果たしたユダヤ人で『夜と霧』（みすず書房）の著者である精神科医ヴィクトール・E・フランクルは、以下のようなエピソードを記しています。収容所内で、ある年のクリスマスに、人々が解放され家に帰れるとのうわさが広まったそうです。しかし、そのうわさが間違いだと分かると、多くの人たちが急に力つきてしまい、その年のクリスマスから翌年の新年の間にかつてないほどの多くの死者が出たのです。収容所には「期日」がありませんでした。いつ終わるのかは誰も知らなかったのです。いったいいつまでこの状態が続くのかといった見通しがないと、人は頑張れないのです。それがないと、生きることすら困難になることもあるのです。

また、どれだけやれば努力が報われるのか、といった見通しも同じです。希望の大学に合格するためには、どのくらいの期間、どれくらい勉強すればいいのか。もしそれが分からないと、勉強を持続する気力がなかなか出てこないのも事実です。2002年(平成14年)の司法試験法改正以前、司法試験は合格率が数%という恐ろしく狭き門でした。10年以上かけて合格した弁護士もざらにおられました。まさにいつ合格するか分からない。将来の見通しが持ちにくい試験であり、受験者には極めて強靱な精神力が必要であったと予想されます。途中で断念した者は、私の周りでも多くいました。

こういった見通しは、見通し力に支えられていると考えられますが、認知機能が弱ければ適切な見通し力も弱く、ますますやる気にはつながりにくくなります。本人の認知機能が弱い場合は、支援者がイラストで図示してあげる、すべきプロセスをいつも壁に貼っておくなどの工夫も要るところだと感じます。

目的

見通しができても次に必要になるのが目的です。いくらある大学に行ける見通しがあっても、何をしにその大学に行くのかといった目的がないと、なかなか頑張れません。有名大学に入りたいから、法律を勉強したいから、就職に有利だから、など何でもいいのです。目的があれば、取りあえずは勉強を頑張れます。仕事にしても、ある商品開発のために期限を切って仕上げないといけない、といった目的があると、取りあえずはその目的に向かって頑張っていけます。

ここで注意点があります。目的と目標は違うという点です。よく〝勉強の目標を立てよう〟と言われます。でも実際にそう聞かれてどんな目標が出てくるでしょうか。今度のテストで成績の順位を上げる、志望校でA判定を取る、といった、〝すべき〟〝そうならないといけない〟的な内容になりがちです。どうしてもハードルが高く、やる気に繋がりにくいところもあります。

しかし、〝勉強の目的を考えよう〟と言われれば、そもそも何のために勉強するのかがはっきりしてきます。〝医学を勉強したい〟〝経済を勉強したい〟〝ファッションを勉強したい〟……と夢があります。やる気が出てきそうです。

使命感

そして最後の段階に必要になるのが、使命感です。見通しと目的だけでは、まだ足らないのです。強制収容所では、将来解放されたときの外の世界での生活を支え（目的）として頑張っている人たちがいました。しかし、見通しがなく終わりが予想できないと、それ以上頑張り続けることができなかったのです。

では、生還したヴィクトール・フランクルは、どうやって気力を保ち続けたのでしょうか。自分が現に身を置いている過酷な状況から距離をおいて、高いところから自分を眺めてやろうとした、というのです。そして将来、自分が〝強制収容所の心理学〟というテーマで講演をしていると想像し、心の中で講演していたのです。著書の中で、こう述べています。

「人生から何をわれわれはまだ期待できるかが問題なのではなくて、むしろ人生が何をわれわれから期待しているかが問題なのである」(『夜と霧』霜山徳爾訳)

まさにフランクルの使命は、収容所体験を通して全世界の人々に〝生きる意味〟について伝えることだったのではないかと思います。

いくらある仕事のために頑張るといっても、それが自分の人生にとってどんな意味があるのか、自分はそれをいったい何のためにやっているのか、社会にとってどんな意義があるのか、といった疑問は必ず生じてきます。安定した生活のため、給与のため、上司に言われたから、出世したいから……。それだけでは頑張り続けられないことは、現在、大学新卒の3割が3年以内に離職すると言われていることからも明らかです。目的だけでは、短期的には頑張れても、続かないのです。それが自分の人生にとってどんな意味付けがあるか、自分の使命は何なのか、社会にとって自分のやっていることはどんな意義があるのか。そうした点について落としどころが見つかるまで、人生への模索は続くでしょう。逆にそこが見つかれば、フランクルの例を見れば分かる通り、時に死さえも超越して頑張っていける可能性だってあるのです。

みんな幸せになりたい

ところで、これらのやる気の原動力になっている共通点は、結局は〝幸せになりたい〟ということに行きつくのではないかと私は思います。〝幸せになりたくない〟という人はほとんどいないでしょう。幸せになりたいがために、人は日々努力して頑張っていると言えます。当たり前のようにも聞こえますが、ここで問題が生じることもあります。幸せを感じる内容が人によって違うこと、そのために用いる手段が人によって違うことです。

例えば、自分が幸せになるためにはお金が必要と考える。しかし、お金を得るために苦労して働くのは幸せではないから、振り込め詐欺をしてお金を儲ける。これは明らかな犯罪行為ですが、元を辿れば幸せになりたいという動機づけから発しています。

かつて、ある詐欺師が振り込め詐欺をして儲けたお金で母親に仕送りをし、その母親が高級外車を買ったという事件がありました。自分が幸せになりたい、母親の喜ぶ顔が見たい、といった動機づけは普通ですし、母を喜ばせたいという気持ちはいいのですが、手段が全くよくないわけです。また、ある人の愛が欲しくて、自分にとって邪魔な人物がいる限りその愛が得られないと感じ殺人という手段を選ぶ人もいます。このケースでも、幸せになりたいという動機づけは同じです。幸せになるために頑張りたい、という点はみんな共通しているのです。しかし、手段を間違うと、何かを得たいという動機づけが犯罪にもつながってしまうのです。

頑張れない人たちの中には、幸せになりたい気持ちが先行して、安易な手段を選んでしまう人がいます。その気持ちをいかに正しい方向に最大限に生かすか、まさに支援者にも問われるところです。第6章では、そういった支援者へのヒントとなる支援の工夫について考えていきます。

第6章　支援者は何をどうすればいいのか

支援者の心得

この章では、支援者はどうすればいいのか、といったところに話を移したいと思います。本書のテーマは頑張れない人たちですが、保護者や教員を含め頑張れない人と共にいる支援者は、それでも彼らに頑張ってほしい、という気持ちを強く持っていると思います。

よく〝そのままでいいよ〟といった声かけもありますが、これは第2章でも述べた通り、本人の可能性を潰しかねない危険性をはらんでいます。そのままの状態を受けいれていくことも、確かに一つの方法です。〝そのままでいいよ〟と言われれば、保護者としてはとても救われた気持ちになると思いますし、支援者も保護者にそう伝えやすいことも確かです。しかし、これは結局、我が子のために手を尽くして色んなことを頑張り過ぎてきた保護者に対し、〝そんなに頑張らなくていいよ〟と安心させる一時的な慰めの声かけであって、何もしなくていいということではないはずなのです。

もしも何か効果的な働きかけがあって、伸びる可能性が少しでもあるとしたら、それを最初からやらせないことは、環境因による障害を作り出してしまう危険性だってあるのです。保護者としては、少しでも子どもによくなる可能性があるのならそれにかけてみたい、少しでもいいからよくなって欲しい、といった気持ちがあるのではないでしょうか。

これは支援者自身でも同じことが言えます。〝今のままの自分でいい〟と思っている支援者の方は、恐らく少数派だと思います。少しでも頑張って、少しでも理想の自分に近づきたい、成長したい、と感じているのではないでしょうか。頑張れない人たち、頑張れない子どもたちにとっても、何らかの形で頑張ることは、生きる上で絶対に必要なことなのです。私も、頑張れる範囲で、少しでも頑張って欲しいと思います。

しかし、第4章でご紹介したように、単に頑張らせようとすると逆に頑張る気持ちを奪ってしまうこともあるので、注意が必要です。

関わると面倒くさい人こそ支援が必要

前提として、支援の相手は自ら頑張ることが苦手な人たちです。しかも「困っているから助けてほしい」と言ってくれればまだ分かりやすいですが、自分から支援を求めることはあまりないでしょう。むしろ困っていない風に見えてしまうので、支援者も気づかないことが多いのです。

また、支援しようとしても、感謝の言葉をかけられるどころか、余計なお世話だと言われることもあります。そういった相手に対しては、支援者も喜んで支援したいといった気持ちは持ちにくいと思います。そもそも相手が家から出てこないこともあります。でも、本当はそういう人こそ支援が必要なのです。本人は望まないけど支援しなければならない、困ってないように見えるから支援しなければならない、自分で来られないから支援しなければならない。支援の現場は、そういった矛盾と葛藤に満ち満ちているのが現状です。

前述したように頑張れない人は、近くにいる親、教員、支援者に「頑張れないから助けて！」とは言ってきません。それどころか、支援者を遠ざけるような行動をしてきます。〝嘘をつく〟〝約束を破る〟〝問題行動を頻繁にする〟〝謝らない〟〝支援者に暴言を吐く〟等々。

こんなことを繰り返されて、許せる聖人君子はいないと思います。そのようなことが続くと支援者も、「あなたのことを考えてやったのに……」「あなたのことをわかってあげられるのは、私だけだと思っていたのに……」といった思いをし始めるかもしれません。残念ながら、頑張れない人を支えようとすると、頑張っている人の勇気はしばしば、次第に砕かれていくのです。

思いが強ければ強いほど、無力感や相手への怒りが大きくなるかもしれません。しばらくすると、

「もう勝手にしたら」
「あなたは裏切った」
「約束を守らなかった」
「やっぱりあの子は無理だった……」
「もう応援する気もおきない……」

と頑張らない人を遠ざけてしまう結果になることも、しばしばあります。

支援者の3つの立場

無力感や怒りなど、さまざまな葛藤を持ちながら支援に携わる側の行動としては、大まかに言って、次の3つが考えられるでしょう。

①〝頑張ればなんとかなる〟と、さまざまな方法で働きかける
②〝もう頑張れないだろう〟と受け止め、無理をさせないようにする
③頑張れない行動の背景を考え、付き合っていく

①は、本人に頑張ってほしい、変わってほしい、という強い思いのもとから発せられる態度と言えます。当然うまくいくこともありますが、第4章の余計な言葉かけの項でもご紹介したように、逆効果になってしまう場合もあります。

等身大の相手を超えた厳しい働きかけ、頑張ったら支援するといった条件つきの支援、頑張らなかったら支援しないといった脅しなど、本人の能力や状況を理解することなしに、支援者視線で関わってしまうと、本人には〝厳しい指導〟と感じられるばかりで、効果は望めなくなってしまいます。厳しい指導の真意を理解できないと、場合によって

は、「自分ばっかり厳しくしている」「自分のことが嫌いなんだ」と、被害的に受け取ってしまうこともあり得ます。そうなると、本人は助けてほしい時に〝また叱られるのでは？〟と感じ支援者に頼りにくくなります。それどころか支援者を鬱陶しく感じ、遠ざけるようにすらなります。それが非行の原因になっているなと思われるようなケースもたびたびみてきました。そうなると結果的に本人は他者と距離をおくようになり、孤立していくことにも繋がりかねません。

②は、頑張れないのは〝本人の能力のせい〟だったと受け止め、これ以上、本人にチャレンジをさせない、無理をさせないようにすることです。いわば現状維持路線です。そうなると、たとえ頑張れる場面であっても、本人が〝支援者の期待に合わせて頑張らない〟といったことも起こり得ます。そういうことが続けば、本人も頑張る機会を逃してしまいます。いつまでも自己イメージは低いままで、学ぶチャンスも阻まれ続けることにもなりかねません。

③では、頑張れない人の気になる行動に目を向け、頑張れない行動の背景を考えていきます。頑張れない背景は、第3章でご紹介した通りです。頑張れない人に対し、支援者が〝かわいくない〟〝関わるのがたいへん〟といったネガティブな感情になるのは当

然です。大切なのはそれを自覚することです。そんなときは自分一人だけで頑張って支えようとせず、誰かに相談することです。〝一人きりではない〟といった感覚が本人を応援する気持ちに繋がるのです。また本人は、支援者が自分を見捨てないことを確認しつつ、少しずつ頼ってくれるようになります。子どもであればそこに〝かわいさ〟が生じてきます。

行動の背景を考え、付き合っていく

③ができれば理想的です。しかしそう簡単ではありません。

私の経験ですが、かつてある頑張れない少年の支援をしていたときのことです。多くの問題を抱えた彼の生活を立て直すために、ワークを一緒に行っていました。初めの頃は、私の出す課題に懸命に取り組んでくれていたのですが、能力的な問題もあってどうにも効果が表れません。むしろ、期待に反しました。ずっと続けていると次第にだらけてきます。始終ニヤニヤしている彼の姿を見るにつけ、〝こんなに君のためにやっているのに……〟という思いと怒りが一緒に湧き出てくることもありました。他の支援者からは、「それはあなたのやり方が悪いのでは？」とさらに傷口に塩を塗られるような言葉もかけられました。惨めな気持ちになり、自分の思い通りにならない相手に対し、だんだんと不快感が生じてきたのを覚えています。

結局その後、彼は一方的な支援への無力感を徹底的に私に味わわせてくれることになり、私の生き方の方向性すら決めてくれるほどの存在になりましたが、いま振り返れば、私の態度はまさに①と②そのものだったと思います。本人を見ることなしに、頑張れば何とかなると働きかけるのは、①のやり方そのもの。それがうまくいかないと、無力感からどんなにやってももう無理だと決めつけ、②のやり方に移っていったのです。

正直に言って、私自身も③のような支援ができる自信がなかなか持てません。しかしそれ以外に頑張れない人を支援する方法がないのも確かだと思います。

ここでは支援者に③の方法で頑張れと言うつもりはありません。代わりに③の考え方を踏まえ、どうすれば少しでも支援者が効果的に気持ちよく支援ができるか、といったポイントを、心理的な側面から一緒に考えていければと思います。

「頑張れる」を支える3つの基本

では③の方法で相手のやる気をどうやって引き出すか、具体的なところに移っていきたいと思います。支援者が提供できるのは大きく分けると次の3つです。

・安心の土台
・伴走者
・チャレンジできる環境

これは『ケーキの切れない非行少年たち』でもご紹介した、非行少年たちがやる気を出したきっかけからも言えます。同書では、少年たちが変わったきっかけとして、以下のものを挙げました（一部を抜粋・追加して3つに分類）。

①安心の土台
・家族のありがた味、苦しみを知ったとき
・自分を見捨てない家族の存在を知ったとき
②伴走者の存在
・信用できる人に出会えたとき

・大切な役割を任されたとき

③チャレンジできる環境

・自分の姿に気がついたとき

・人と話す自信がついたとき、勉強が分かったとき

・将来の目標が決まったとき

少年にとって重要な大人（＝家族や教官）とのかかわりの中で、安心感（＝安心の土台）と寄り添ってくれる大人（＝伴走者）の存在を得ることで、彼らははじめて新しい自分に変わりたい、新しいことにチャレンジしたい（＝チャレンジできる環境）と望むようになり、変わっていったのです。

以下にこの3つについて順にご説明していきます。

安心の土台

「はじめに」でも述べましたが、〝頑張ったら支援する〟といった条件つき支援では、もし頑張らなかったら見捨てられる、といった不安を常にもつことになります。これは

〝見捨てられ不安〟に近いものがあり、本人は、「この支援者はどこまで自分を見てくれるか」を知るために、わざと問題を起こすなどの〝試し行動〟を頻回に行うこともあります。何度も何度も不適切な行動を繰り返し、それでも見捨てず守ってくれる存在であるか、つまりその人が自分の安心の土台になってくれるのか、を確認するのです。

しかし、この試し行動は子どもならまだ理解されますが、大人になってから繰り返すと、周囲に不快感を与え、信用もされなくなります。例えば刑務所から出た人を地域の理解ある会社の社長がせっかく雇っても、試し行動の一環として何度も逃げ出したりしたら、本人はいずれ信用されなくなるでしょう。

試し行動は〝周囲の気を引いている〟と捉えられることもありますが、これは支援者側の言い分です。それを「自分はうまく解決できない、本当は助けてほしい」という本人のサインだと捉えるとどうでしょうか。確かに、試し行動で周囲に迷惑をかけているのは事実です。しかし、もうどうしようもないほどに追い込まれた人が〝頑張る〟ためには、安心の土台がどうしても必要なのです。

ここでいう安心の土台とは、人が本当に困っているときに助けてくれる存在のことです。それを聞いて〝それなら自分は大丈夫〟と思われるかもしれません。

ところが、ここが大切なポイントですが、

〝誰かの安心の土台になっているつもりでも実はなっていない場合がある〟

ということはままあります。

分かりやすいように、支援する相手を〝電気自動車〟に例えてみます。電気自動車には充電器が必要です。支援者が充電器の役割となります。電気がなくなりそうになったらいつでも充電できる場所がある。これが安心感となって遠くの知らない場所までドライブに出かけることができるのです。

しかし、ここで問題なのは、支援者が充電器になっているつもりでも、実は〝頑張れない人〟にとっては安心できる充電器になっていないかもしれない、という点です。

また、〝頑張れない人〟もうまく充電器を利用できていないことがあります。支援者の視点からだけではなく、対象者から見ても、安心できる充電器と感じることで初めて安心の土台となるのです。つまり、いくら充電器があっても、

・違った電圧で充電されるかもしれない
・途中で壊れるかもしれない
・時には充電を断られるかもしれない
・事故を起こしたらもう充電させてもらえないかもしれない

相手がそんな不安を感じてしまう充電器では、〝頑張れない人〟にとっては安心の土台にはならないのです。

支援者が相手の安心の土台となることは、とても難しいと感じます。身近な親子であるがゆえに難しい場合もあります。しかし、安心の土台は人が頑張るために絶対に必要な存在なのです。

伴走者の存在

安心の土台を得てやっと動き出せた〝頑張れない人〟には、次に〝伴走者〟という存在が必要になります。単に相手を見ているだけではなく、その人が自分の力を発揮できるように、新しいことにチャレンジできるように様子を見守り、それに寄り添う人です。

チャレンジとは例えば、進学をする、新しい環境に身を置く、新しい人間関係を作る、新しい仕事を始める、などです。先ほどの電気自動車に例えると、安心できるまで助手席に乗って一緒にどこかへ出かけてあげる、といったイメージです。いつでもアドバイスしてもらえるような状況です。

人は何か新しいことにチャレンジするとき、例えば〝あそこに行ってみたいけど、最初は不安だからついてきてほしい〟〝一人では無理だから手伝ってほしい〟〝自分でやれるようになるまで助けてほしい〟といった気持ちがあります。これは、実は大人の私たちでもある欲求です。〝行ってみたい店があるけど一人では心細いから一緒に行こう〟といったような場合です。決して珍しい気持ちではありません。

しかも、頑張れない人たちにとっては、最初に一人でチャレンジすることは、人一倍大きな困難を伴いますし、不安もそれ以上でしょう。ですので、やりたい気持ちの反面、それ以上に〝見守っていてほしい〟という強い欲求があります。こんなときも、頑張れない人はさまざまなサインを出します。〝やるといっても仕事に行かない〟〝すぐに投げ出す〟〝自分勝手なことばかり言う〟等々。こういった背景には、

「やっぱり一人では無理」
「自分のペースでやってみたい」
「頑張りたいけど強制はされたくない」
「自分がやっていることを見て、うまくいったら一緒に喜んでほしい！」

といった心の声が聞こえてきます。

こんなときに伴走者ができるのは、励まして頑張らせるのではなく、相手が大丈夫なのかを見守ってあげることなのです。

〝いつも見ているよ！〟
〝いつでも手伝うよ！〟

といった気持ちが相手に伝われば、頑張れない人たちのやる気もスイッチが入るのです。これを繰り返すことで、支援者は頑張れない人たちの伴走者となり、その人たちは新しいことにチャレンジできるようになっていくのです。

ある非行少年が言いました。

「もうすぐ少年院で成人式があるんだけど、僕の親は来てくれない。でも担任の先生が

〝仕事が休みでも見にいく〟と言ってくれた。それまで僕のために時間を取ってくれる人なんていなかった。僕に変わってほしいと心から思ってくれる人がいるのを知った」

いつも親から行事などを見てもらっている子どもたちにとっては、誰かが自分のためにわざわざ見に来てくれるという体験は当たり前のように感じることでしょう。しかし、もし当たり前の存在がいなければ〝いつも見てくれている〟伴走者の存在がいかに大きいかが分かります。

ただ、ここでも注意すべきは、支援者が助手席にいて、相手の運転にいちいち口出しをしてしまうことでしょう。〝もっと左右を見て〟〝もっとスピード落として〟〝そこはアクセル踏んで〟〝ハンドルをもっと早く切って〟〝運転中は髪を触らない〟とか傍でいちいち言われたら、たまったものではありません。大事なのは、とにかく静かに見守る、この姿勢です。

チャレンジできる環境

安心の土台と伴走者の存在があって、初めて新しいことにチャレンジしたい、頑張ってみたい、といった気持ちが生じてきます。チャレンジする環境は、新しい居場所、新しい職場、新しい学校であったりします。おそらく頑張れない人たちが挫折するのは、安心の土台や伴走者がいないまま、いきなり新しい環境を提供され、不安な中に一人身を置くことになるからかもしれません。

刑務所や少年院を出た後に新しく就労した場合などは、まさしくこれに当てはまるのではないでしょうか。チャレンジできる環境だけが与えられ、後は〝頑張れ〟といった状態なのです。電気自動車に例えると、教習所の敷地内だけで運転してきた人がいきなり交通量の多い都会の道路に出され、一人で運転を強いられるイメージです。

この状況での〝頑張ったら支援する〟は、〝安全運転できたら充電します〟〝もし事故を起こしたらもう充電はしません〟と言っているのと同じような状況です。そのような安心もなく伴走者もいない状況では、どうしても挫折に繋がりがちなのは無理からぬところです。

相手の不安に気づく

以上、3つの基本をご紹介しましたが、それぞれについて補足していきたいと思います。まず安心の土台についてです。

頑張れない人たちの背景には、さまざまな理由があります。本人は常に自信がなく、不安定な状態です。そして、さまざまな危機や不安に出会うことが、通常の人たちより多いはずです。そのたびに、支援者から「大丈夫だよ」と言ってもらって安心感を得たい気持ちはかなり強いと言えるでしょう。

そこで、支援者が安心の土台となりうるかどうかのポイントは、相手が頑張れず困っている時に、

・不安や不快に気づけるか
・相手が頼りにできる支援者になれるか

という点です。

これに応じる支援者になることは、決して容易ではありません。特に、相手の年齢が上がってくると、本人も自尊心やプライドもありますので、不安や不快を隠そうとします。そうすると、なかなかサインをキャッチできないこともあります。

子どもであれば、急に不機嫌になったり、なんだか落ち着かない様子になったりと、

不安のサインとも言える気になる行動が出ますので、それをキャッチすれば大丈夫です。子どもは〝安心感〟を得るために、何百回、何千回と大人にサインを送っています。

しかし、だんだん成長して大きくなると、たとえ生きづらいときがあっても、小さな子どものように泣いて訴えたり、親や大人を求めて頼ってきたりはしません。反抗的な態度や嘘をつく、など一見不適切な行動をして、支援者とのかかわりを求めることもありますし、逆に、離れて家に閉じこもって姿を見せなくなり、まるで人を遠ざけているように見えることもあります。その姿の後ろには本人の〝不安〟が見て取れます。

ずっと支援する姿勢

また安心の土台には、ずっと支援し続けるといった姿勢も不可欠です。あるときは助けてくれて、あるときはまったく助けてくれないような場合、本当に頼っていいのか混乱してしまいます。支援者自身が安定していなかったりすると、相手はもっと不安定になっていくこともあるからです。特に支援者に余裕がなくなると、充電器でいうと途中で壊れたり、日によって充電を断ったりすることも生じるからです。こうなると支援を受ける側は強い不安を感じます。

またこれは、条件を満たさないと支援を打ち切る、頑張らなかったら支援を打ち切る、というのにも似ているところがあります。少年院を出た非行少年たちの世話をされている方々の中に稀に、「あんなに世話をしてあげたのに、どうして……」と少年の再犯を嘆く方がおられます。〝世話をしたからもう犯罪行為はしないはずだ〟〝そんな人間はもう受け入れられない〟といった気持ちをもたれているかもしれません。しかし、厳しいようですが、本当の意味での支援とは、その少年が期待通りに更生しようが、一方で期待に反して犯罪を繰り返そうが関係なく、ずっと支援をし続けることなのです。

ある罪を犯して執行猶予中だった若い成人の方から聞いた話です。自分の親からも見捨てられていたのに、面倒を見てくれて、住居まで提供してくれる老夫婦に出会えました。恩義を感じ「もう裏切れない。今度こそ頑張ってみよう」と、しばらく真面目に生活していました。しかし、生活に慣れてくると、生活の規則が厳しいため、どうしても何度か門限の約束を破ってしまったのだそうです。

すると「約束を守らなかったからもう無理だ」と、その老夫婦から縁を切られたそうです。もちろん、原因はその若者にあるのですが、そもそもきちんと約束を守れるような人であれば、犯罪とはあまり縁がないのであり、約束を守れないからこそ支援が要るのです。枠組や約束は双方を守るために不可欠ですが、それが厳しすぎると双方が消耗します。また、頑張れない人たちにとって、得た支援をいったん打ち切られるのは、相当なダメージになりかねません。その後の経過は知りませんが、その若者はそれまでにも増して他者に不信感を覚えるようになった、とのことでした。

〝誠意をもって支援をしたのだから期待に応えるべきだ〟という考えは、間違っているとまでは思いませんが、一方で期待に応えられず支援を打ち切られた頑張れない人たちに絶望的な心情をもたらすことにも思いを致して欲しいと思います。

達成感には他人からの承認が必要

次に伴走者に関する補足です。伴走者は、本人にさまざまな承認を与えていくことが大事です。

よく〝やればできるんだ〟といった言い方がされますが、達成感がもてれば自信ややる気に繋がると言われています。心理学者アルバート・バンデューラの唱えた自己効力感（セルフ・エフィカシー）の概念に近いものです。自己評価が上がり自分に自信がつくことは、やる気を出す上ではとても大切です。自信がないと、どうせまたうまくいかない、やっても無駄だといったネガティブな思考に結びつくからです。ではどうやって自己評価を向上させ、自信をつけさせるかですが、これにもポイントがあります。

それは、自己評価を上げるには、他者から評価されることが絶対に必要であることです。達成感も自信も、成し遂げたことへの周囲からの承認があってはじめて成り立つものです。成し遂げたこと自体から、ではないのです。成し遂げたことに対して周囲が言葉をかけてくれる、評価してくれることがないと、達成感や自信は出てきません。

分かりやすい例が、死後に有名になる画家でしょう。いくら自分一人で、これは素晴らしい作品だ、と思い込んでいても、生前に誰も評価してくれなければ「見る目がない！」と世間を責めたり、自信を失って被害的になったりすることになりがちでしょう。

もし無人島でたった一人で生活していたとしたら、どうやって自己評価を向上させ、自信をつけていくのでしょうか？ 次第に火を熾すのが上手くなった、魚を捕るのが上手くなったとして、もちろん自信はついていくでしょうが、そのうちそれが当たり前となれば、自信を向上させるようなものではなくなります。いくら無人島で素晴らしい音楽を作っても、一人でどうやって自信ややる気に繋げていくのでしょうか。そもそも他者との比較はできませんから、自己評価の基準がよく分からなくなります。自分は一体どんな人間で、どんな長所や短所があるのかは、他者との関係の中で見えてくるのです。比較しないと分からないのです。

やる気は達成＋承認で生まれる

ですので、相手に達成感をもたせ、自信ややる気に繋げようとするのであれば、周囲からの適切な承認の機会も用意しなければいけません。これをせずにひたすら相手にチャレンジをさせても、意味がないどころか、成し遂げても誰も評価してくれないと受け止められれば逆効果になる危険もあります。

よく自尊心という言葉が使われます。自尊心が低いのなら何か自信をつけさせればいい、といった発想から、できないことをやらせるより、何か得意なことを見つけてそれをやらせて自信をつけさせよう、と考える支援者もいます。そういう支援者は、子どもが得意なことを見つけようと躍起になります。例えば絵を描くのが得意な子に絵を描かせる、などです。

しかし、得意なところを見つけてあげて、それを伸ばしてあげても、そこで終わってしまったら何の効果もありません。しっかりと承認の言葉をかけてあげる必要があります。それがやる気に繋がっていくのです。

意味のある承認を

ここでも注意点があります。何でもかんでも承認したらいいということではありません。

コップに入った水の話に例えます。コップに水が半分入っているとします。それを〝半分しか入っていない〟と見るのか、〝半分も入っている〟と見るのかは、捉え方の違いによるものです。しかし、水が半分という事実は変えようがありません。

ここで、もし水がいっぱい入っている方がいいと仮定すれば、〝水が半分も入っている〟と言われても本当は喜ぶことはできません。取りあえず本人や周囲を安心させる目的でそう言っているのであれば、それは単なる言葉遊びであり、時間を無駄にしていると私は感じます。これと同様なことが、承認の世界でも起きているように思います。

よく聞くのが、忘れ物をする子のケースです。保護者からの「うちの子はよく忘れ物をしてしまうんです。週に1回は何か忘れます」といった相談に対して、支援者が「ということは週5日として、4日は忘れ物をしない、ということです。つまり8割は忘れ物をしないのだから頑張っていると思います」と答えるようなケースです。

この論理は他のことにも当てはまります。例えば100点満点のテストで30点だった場合、〝30点しか取れなかった〟と捉えるのではなく、〝勉強が苦手なのに30点も取れた〟と捉えて褒めるなど、発想の転換を図るものです。

こういった少しでもポジティブに捉えた言葉かけは、確かに保護者も安心され、子どもに余計な負担をかけない、といった好影響を与えるかもしれません。さらに保護者がそう思うことで、自分がイライラして子どもを叱責する回数が減る、という効果も期待できるかも知れません。

でも考えてみてください。週に1回忘れ物をするという事実や、試験で30点という事実は変わっていないのです。やはり一番いいのは忘れ物をしないことですし、テストで少しでもいい点が取れることであるはずです。それなのに、もし万が一、その一見ポジティブな発想の転換に安心した保護者が、週1回くらいの忘れ物はいい、テストの点は30点でもいいと思い続け、子どもに機械的に承認の言葉をかけ、少しでも改善の手立てを施してあげなければ、将来、被害に遭うのは子どもたちなのです。

他者からの評価なんて気にしなくていい、の問題

〝他者からの評価なんて気にしなくていい〟〝無理に好かれなくてもいい〟といったキャッチコピーも新聞広告などで目にします。他者からの目を気にしすぎて疲れ果ててしまっている方々、上司からいい評価を得ようと頑張りすぎている方々に、もっと力を抜いて自分のペースで自分の人生を生きましょう、と促す意味ではいいフレーズだと思います。しかし、ここでも頑張れない人に誤解が生じてしまう可能性があります。

実は、この社会は〝他者からの評価が全て〟なはずです。こういうと更なる誤解が生じてしまいそうですが、集団で生活している以上、他者との関わりは避けられません。人からよく思われないとますます生きにくくなってしまうのです。

ここで、〝他者〟を明瞭にしておいた方がよさそうです。他者とは誰なのか。会社の上司、同僚、部下、得意先の人、協力会社の人、カウンセラーの先生、クライエント、主治医、学校の先生、友だち、先輩、近所の人、ママ友、SNS上の匿名の不特定多数、LINE友だち、親、きょうだい、配偶者、祖父母、親戚、我が子、等々。現代に生きる人は、こうしたあらゆる他者と関わっています。これらの人々からの評価を気にしないで生きていけるはずなどありません。それなのに、頑張れない人たちが〝他者からの

評価なんて気にしなくていい〟〝無理に好かれなくてもいい〟と言われたら、どうなるでしょうか？　その言葉を真に受けて自己中心的な行動をとってしまえば、ますます周囲からの評価は下がり、自信ややる気を遠ざけることになるのです。

確かに、もし自分がこれを一生かけてやると決めて、やるべきことに揺るぎがないときならば、この程度の言葉かけで決心が揺らぐようなことはないでしょう。上司や周囲の人たちからの「止めておいた方がいい」といった助言や評価など気にしている場合ではないこともあります。ただ、それは例外であり、いつ何時も評価を気にしないままでいられることなどあり得ません。

評価を上げたければ親切になれ

他者からいい評価を得られれば自己評価も向上し、自信もついてくるはずです。つまり、本人のやる気を出すためには、いかに他者からいい評価を得るかが重要だと言えるでしょう。では、どうすればいい評価が得られるか。子どもたちならテストでいい点を取る、部活で活躍する、大人ならいい仕事をする、といったことが挙げられますが、頑張れない人たちは、通常の生活ではなかなかそう上手くはいきません。

ではどうしたらいいのか。それには、他者から好感をもってもらえるようにすることです。相手に好感をもってもらえれば、親切に接してくれたり、話しかけてくれたり、ということが増えてきます。すると、自分だって捨てたもんじゃないと感じられる機会も増えるのではないでしょうか。

では、どうやったら相手に好感をもってもらえるか。基本的なことをしっかりと続けることです。相手としっかりと向き合う。相手のために何かする。挨拶する。話しかける。親切にする。そういったことを続ければ、相手も自分に好感をもってくれるでしょう。親切に接してくれる人に、人は親切に接するものです。

逆に人から好感をもたれないと、誰も相手にしてくれず、評価もされず、自己評価は低いままです。つまり、頑張れない人たちが自己評価を上げるには、人に親身に接することが最も手っ取り早く効果のある方法の一つだと考えます。そうすると頑張れない人たちも認められる体験が増え、次第にやる気に繋がっていくでしょう。

ここで困るのは、自分が思っている評価の基準と他者が思っている評価の基準がずれている場合です。こうすることで相手に気に入ってもらえると思っていることでも、他者からすれば迷惑だったりすることもあります。一方で、何気なしに行ったことでも他者から評価されることもあります。ここでも相手をしっかり見て、相手のサインをしっかりとキャッチするといった認知的な働きが求められます。認知機能の弱い人たちは、どうしてもKY的な行動を取ってしまいがちで、コミュニケーションの面で悪循環に陥ることがあります。認知機能の弱さがあれば、そこをトレーニングすべきなのです。

対人マナーを高める

とは言っても、誰もが認知機能を強化できるとは限りませんので、その場合は対人マナーを高めればよいのです。対人マナーとは挨拶、謝罪やお礼の仕方、うまい断り方、適切な相手との距離、視線の向き、声の大きさといったものです。これらは練習するとすぐに出来るようになりますので、まずここからお勧めします。つまり、頑張れない人たちのやる気を出すには、遠回りに思えてもロールプレイなどをしながら対人マナーを練習し、少しでも好感をもたれる人にしていくことが近道だと感じます。

よく〝自分は人間関係が苦手だ〟と言う人に出会いますが、そういう人たちに限って挨拶をしない、お礼も言わない、自己中が目立つ、マナーが悪い、いつも他人の悪口を言っている、ずっとブスッとした顔をしている、メールの返事もしてこない、といった例が多いような感があります。それはすぐに相手に伝わりますので、相手もそれに反応しているだけかもしれません。相手からいい印象を持たれなければ、自分は周りからよく思われていない、自分は人間関係が苦手だ、と感じるでしょう。それでますます他者にネガティブな行動をしがちになる。悪循環です。逆にマナーがよくできている人は周りにも好かれ、ポジティブな行動に繋がっていきます。

褒めるのに適切なタイミング

伴走しながら褒める際にはタイミングも大切です。『ケーキの切れない非行少年たち』の第6章では、褒めるだけでは問題は解決しない、と記しましたが、決して褒めること自体を否定しているのではありません。ただ〝褒め殺し〟といった言葉があるように、何でもかんでも褒めても次第に効果がなくなりますし、頑張れない人たちに対しても同様です。

支援者自身が心に響かないような褒め言葉は、相手にも通用しないと考えていいでしょう。我々は、逆に褒められることを警戒している節もあります。〝何か裏があるのでは？〟〝ひょっとしてバカにしているのでは？〟と疑うことすらあります。例えば、ある異性から素敵だ、かっこいい、美人だと言われても、自分自身が鏡をみてそう思っていなければ、嫌味にしか聞こえないでしょう。頑張れない人たちも同様で、特に失敗し続けてやる気を失っている人たちには、気をつけて使う必要があります。

しかし、褒めるタイミングによっては、とても効果があることもあります。少年院のある教官から聞いた話で心に残っているのが、

「何でもないことをいくら褒めても彼らの心に響かない。しかし彼らが一生懸命やったことに対しては、心からの感謝の一言だけで響く」

ということでした。

例えば、掃除のボランティア活動など、朝から夕方まで一生懸命汗水垂らして頑張ったら、地域の高齢者から一言、「ほんとにありがとう」と言われるだけで、彼らの心に響くのです。褒めるというより感謝の言葉ですが、本人への効果は同じだと思われます。

要は頑張れない人たちが何かに一生懸命に取り組んだ後に、それに対して適切なタイミングで心から声をかけてあげることが大切なのです。

〝褒める〟というスキルをいくら使っても、そこに相手を動かすための意図があれば、相手は必ず見抜きます。適切に褒めるということは〝本人が何をしていたのかを支援者が具体的に見ている〟ところに意味があるのだと感じます。

もちろん、褒める言葉は相手によって変えていかないといけません。男女では響く言葉が違うといった研究もよくなされています。

誰から言われるかも大切

また、誰から褒められるかも重要なポイントです。

頑張れない人たちの中には、こうなりたいという願いはあってもなかなか実行に移せずにいる人も大勢います。そこに支援者は苦労しているわけですが、ずっとやる気のなかった子が意外なことで急に人が変わったようにやり出すこともあります。例えば、親がいくら言っても動かなかった子どもが、部活の尊敬する先輩や怖い先輩から言われると、人が変わったように頑張り出すことがあります。ずっと憧れていた人の一言で、急に変わったりすることもあります。友だちの何気ない一言でも変わります。むしろ大人の一言よりも年齢の近い人の一言で変わることが多いようです。

これは精神科病院の外来でもよく感じたことです。うつ病の疑いのもと、通院しながら服薬していた女性の患者さんが、いい彼氏ができた途端にたちまち治って通院しなくなる、といったことは度々ありました。我々医師同士も〝彼氏が一番の薬だ〃と言い合っていました。

そういった患者さんが急に精神科外来に来る場合は、たいてい彼氏と喧嘩したことが理由でした。それによってパニック発作を起こしたり、自傷行為、過量服薬などに及んだりするのです。だから、そういった患者さんが彼氏と一緒に外来に来た時は、その彼氏にとにかく喧嘩せずに支えてあげてください、と頼むのが一番効果的だったりします。

仕事として支援する人の存在でなく、仕事でなく支援してくれる人ができたとき、頑張れない人たちも人が変わったように頑張れるのだ、と実感しました。うまくいくきっかけを見つけてあげて、うまく支援すれば、頑張ってやる気を出せる人たちも大勢いると思います。

嫌われていないこと

伴走者は、相手と良好な関係を保っていることが大前提です。第4章でも述べましたが、相手から好かれていない、話しかけにくい、近寄りがたいと思われるだけで、相手は心を閉ざしてしまうからです。いくら素晴らしいことでも、嫌いな人から言われてやりたい気持ちはおきにくいでしょう。

非行少年たちを面接する少年鑑別所には、心理職の専門家である法務技官、家庭裁判所には家裁調査官がいますが、特に若手の彼らを見ますと、とても爽やかで好印象の人ばかりです。もちろん難関の筆記試験を突破した人たちなのですが、最終的な面接では爽やかさを一番重視して選んでいるのでは、と思うくらいです。さまざまな背景をもった非行少年たちを相手にする仕事柄、少年たちから好印象をもたれなければ、心を開いて貰えません。強面な面接官では少年たちも警戒し、話したい気持ちにはならないし、自分の力になってくれる気もしないでしょう。

ただ、誤解のないように付け加えますが、嫌われないようにするということは、あえて無理して好かれようとすることとは違います。好かれるに越したことはありませんが、子どもたちの機嫌を取れということではありません。信頼される存在となり、良好な関係を保ち、最低限嫌われないということです。そのためには、子どもであっても尊重して対応する、名前を覚えてあげる、挨拶をする、気配りしてあげる、など対人関係の基本を大事にしなければなりません。

実は、少年院でも非行少年に対して偉そうな態度をとる教官はいます。少年たちはそれでも彼らに従っていますが、それはその教官を偉いと思っているからではなく、少年院という強力な枠があるからに過ぎません。よく見ていると、少年たちに偉そうにしている教官は大人に対しても偉そうにしていて、職員関係の中でも人望の薄い人たちだった記憶があります。

こういった勘違いは会社でもあります。元請け会社と下請け会社の間ではよく見られます。仕事の上下が人間関係の上下と勘違いしている人たちです。私も医師になる前は建設関係の会社に勤務していましたので、よく経験しました。当時の建設省や都道府県の土木部などの公務員、大手電力会社、道路公団などの職員の中には、民間の建設業者に対して、とても横柄な態度を取る人たちがいました。仕事を差配する元請けである自分たちは偉いと勘違いしているのです。

仕事を請ける側の建設会社としてはニコニコしながら話を聞くしかありませんが、そうしているのは別にその担当者に敬意を払っているからではなく、仕事だからです。心の底では、相手の横柄な態度に怒りを感じていることも多いでしょう。そうなれば、仕事のモチベーションも著しく下がります。これは大きな損失にも繋がります。やる気を出した際に得られる想定以上の成果を逃してしまうからです。

逆に元請けの立場にもかかわらず丁重に接してくれる担当者は、下請け業者からも慕われていました。すると、業者も、その人のためなら、と頑張り、想定以上の成果を出してくれたりして、結果的に仕事の面でもプラスになるのです。

一緒に転がる

第5章でご説明した「動機づけ面接法」は、アルコール依存症の患者さんにもよく使われます。患者さんに、単に「アルコールを止めなさい」というのではなく、アルコールを止めたい気持ちと飲みたい気持ちを天秤にかけ、それぞれのメリット、デメリットを考えていきます。アルコールを止めるといいことはありますが、悪いこともあります。例えばストレスが発散できない、などです。逆に飲むことでいいこともあります。気持ちよくなってストレスが発散できる、などです。

ですので、アルコールの悪い点ばかりを強調するのではなく、いい点も挙げて、支援者と一緒にどうするかを考えていきます。周りがいくら正しいことを言っても、本人が自分で気づかないと変わりません。動機づけ面接法のテキストには〝抵抗に巻き込まれ、転がりながら進む〟といった表現が使われています。治療者は患者の抵抗に巻き込まれながら、一緒に転がって前に進んでいく、といったイメージです。

口出ししないだけでも効果がある

また伴走者で大切なのは、近づきすぎず、離れすぎずといった距離感です。支援者も、このままで本当に大丈夫だろうかと不安になって、余計な一言をかけてしまうことがあったりします。

「このままだとヤバいことになるよ」
「○○ちゃんはもっと頑張っていたよ」
「いつになったらやるつもり？」

こうした余計な声かけは、逆にやる気を奪うことにもなり兼ねません。

少年院を出た後、少年たちは保護司と呼ばれる方々のもとに一定期間通います。それが出院の条件であったりします。保護司は犯罪や非行を行った人たちの更生保護に携わる民間ボランティアの方々です。毎月、保護観察対象者が保護司の家を訪問したり、保護司の方から対象者の家を訪問したりします。保護司は、対象者の生活状況などについて話し合い、指導や助言を行います。ボランティアにもかかわらず結構な頻度で行いますので、だいたい仕事を退職され社会的にも安定した立場にいた、人望の厚い方々がなられます。まさに伴走者の役割そのものです。

非行少年たちは通常、少年院を出た後、近くの保護司のもとに2週間に1回ほど通います。そこでいい人に巡り合うことも多いのですが、中には途中で通うのを止める少年たちがいます。再び少年院に入ってきた少年に聞いてみると、「ずっと説教された」と語る例が多くありました。

保護司の方々が一生懸命にされておられるのは重々承知していますが、少年たちに近づきすぎてしまうと、彼らは重荷に感じて離れてしまうのです。かといって、放っておきすぎると〝見捨てられ感〟をもってしまいかねませんので、案配が難しいところです。ざっくりと言えば、余計なことは言わず見守ってあげるだけ、もし助けを求めてきたら応じる、くらいがちょうどいいのかもしれません。

お菓子で気遣いを表現

ここで、ちょっとした配慮で相手のやる気を出させる工夫をご紹介します。

あるＮＰＯでは、自分の子どもを虐待してしまった親と子どもの支援をしているのですが、その親子が来たときに特に気を配っていることは、一緒に食べるオヤツだそうです。虐待した親にどうしてオヤツか、と感じるかもしれません。そもそも虐待させないためのプログラムがメインです。そこのNPOでは、毎回という訳にはいかないものの大切な節目には親や子どもの好みを事前にリサーチしておいて、いつもより〝ちょっといいお菓子〟をその親子のために準備するそうです。そして親は、自分が好きなお菓子を子どもとスタッフと一緒に食べることを楽しみます。実はこれが親の心に響くのです。

これまで責められることが多く、他人からそんなもてなしを受けたことのない人は、〝こんな自分でも、好きなものを覚えてくれていた〟と、後でそのお菓子のことを語ることもあるそうです。「大切に思っていますよ。一緒に子育てについて考えましょう」と言葉がけをしても、どうしても信じられない親でも、こうした〝大切な一人として尊重された〟体験を積み重ねることで、ＮＰＯスタッフに対して心を開くようになり、最後は〝今度は自分が子どもを大切にしよう〟という気持ちになるのです。美味しいお菓子一つが、やる気にも繋がるのです。

〝ホスピタリティ（もてなし）〟の大切さは、我々でも感じるでしょう。講演会などに招かれ、いくら口で感謝の言葉を言われても、暑いときなのに冷たいお茶の一つも用意されていなければ、本心からの感謝の言葉には聞こえません。ホスピタリティはお菓子やお茶に限りません。相手の名前をちゃんと覚えている、笑顔やちょっとした声かけをする、いつも気にかけているよ、感謝してるよ、といったサインを送る。そういったちょっとしたことで、相手も頑張れるのです。

支援者は笑顔を心がけよう

これは当たり前のようで意外と盲点です。

かつてある精神科病院で当直のアルバイトをしていた時のことです。精神科病院は通常複数の病棟があり、当直医は時間がくれば回診を行っていきます。それぞれの病棟に受け持ちの看護師たちがいるのですが、病棟によって雰囲気もまちまちです。とても愛想のいい病棟もあれば不愛想な病棟もあります。

当方はアルバイトで、月に1回程度会うかどうかという関係ですから、ほとんどの看護師とは面識がないような感じです。どうしても愛想のいい病棟は行きやすいですし、愛想のよくない病棟は行くのが億劫になります。違うのは病棟のナースステーションに入ったときの表情で、笑顔で迎えてくれるか否か、ということでした。笑顔で迎えられるとこちらも歓迎されていると感じますし、その逆もまた然り。愛想が悪いと感じた病棟の看護師は表情が硬く、笑顔も見せません。淡々と用件だけを伝えてきます。私はいつも〝どうして怒ったような怖い顔をしているのだろう。笑顔で接してくれたらいいのに〟と感じていました。

しかし、実は事情は違ったのです。あるとき私からあえて笑顔で病棟を回ってみました。すると驚いたことに、いつも硬い表情の病棟スタッフも笑顔になっているのです。そこで理由が分かりました。原因は私にあったのです。私自身が疲れ果て、無表情や怖い表情で各病棟を回っていたことが原因だったのでした。看護師からすれば、アルバイトの医師はどんな相手か分かりませんし、怖い表情の相手ならなおさら気兼ねして自然と看護師の表情も硬くなっていたのです。

こういったことはなかなか気づきにくいものです。支援している相手に対して、もっと愛想よく返してくれたらいいのに、と感じたら、支援者自身が硬い表情になっていないかを振り返る必要がありそうです。頑張れない人たち、頑張れない子どもたちは、失敗体験を繰り返していることが多いので、支援者に対して最初は警戒して硬い表情になっていることも多いと思います。だからこそ、支援者の笑顔は大切だと感じます。

今は、〝あの子、表情が悪いな〟と思った時は、まずは〝自分の顔はどうかな〟と思うようになりました。

第7章　支援する人を支援せよ

まずは子どもに近い保護者を支えよ

ここからは支援者自身の課題について扱っていきたいと思います。

誰かを支援するためには、やはり支援者が元気でないといけません。これまでに申し上げたように、子どもを含め誰かを支援するためには膨大なエネルギーが必要です。自分が頑張れないのに、根気強く相手のやる気を引き出したり、頑張らせたりするのは困難です。ですので、支援者自身が相手のために頑張るぞという気持ちになれることが大切です。子どもを支援する上で一番の効果的な支援は何かと言えば、その子の保護者に〝この子のために頑張ろう〟と思ってもらうことなのです。

ところで、子どもが勉強を頑張るためには、良質な教材、良質な教師、良質な環境の3つがそろわないといけません。どれが欠けてもなかなかうまくいかないでしょう。この場合、保護者の役割は「良質な環境」に当てはまります。学校で頑張って、疲れて帰ってきた子どもたちには、家に帰ってホッと安心できる環境が必要です。また子どもが頑張ろうとしたときに、そっと寄り添ってあげる伴走者としての役割も必要です。保護者は子どもにとって最も身近な支援者なのです。ですので、保護者は大変です。

こういった保護者のために、場合によっては誰かが保護者自身の話を〝じっと聞いてあげる〟ことが必要です。〝子育ての苦労を労う〟などの保護者の頑張りをサポートする支援も大切になってきます。保護者も一人で頑張ることはできません。

子どもが変われば大人も変わる

では、保護者に前向きになってもらうには、何が必要でしょうか。ここで非行少年の保護者の例をご紹介します。

非行少年たちを再非行させないためには保護者の協力が不可欠です。私の勤務していた少年院では、保護者会が定期的に開かれていました。入院時、中間期、出院時と、保護者会は最低年に3回は開催されていました。

保護者は、いったい何を言われるのか不安な面持ちで少年院にやって来られます。しかし、保護者に対して、これまでの子育てを反省してもらったり、少年院を出てからもっとしっかり子どもと向き合うように指導したりするわけではありません。それらは少年院に入るまでに警察や少年鑑別所、家庭裁判所でも散々言われてきたことなのです。保護者はそのたびに謝り、被害者にも頭を下げ続けてきたのです。

実際の保護者会での声は、第４章の「非行少年の保護者の語りに共通するもの」の項でもご紹介した通りです。彼らは、一生懸命に向き合ってもなぜ非行化するかが分からない我が子の支援に疲れ果てている状態でした。そして、犯罪を起こした我が子のことを誰かに話したりもできず、孤立していました。しかし、少年たちを再非行させないためには、そういった保護者にもうひと頑張りしてもらわないといけません。そのために保護者を支援していかねばならないのです。

では、どういう支援が望ましいのか。〝保護者の話を聞く〟〝子どもの特性を知ってもらう〟といったものも考えられますが、究極の保護者支援になるのは、保護者自身に子どものために頑張ろうと思ってもらうことです。ですから、少年院の保護者会では、保護者自身に元気になってもらって、もう一度子どもと向き合おう、もう一度頑張ってみようと思ってもらうように心がけていました。

そのためにどうするか。少年院ではまず保護者に労いの言葉をかけます。「これまで子育てご苦労様でした。大変苦労されたことでしょう。これからは我々に任せてください」

そう伝えます。少年院にきて「また教官から責められたり指導を受けたりするのか」と思っていた保護者は、ホロリとするようです。少年院側も、とにかく保護者に元気になってもらうことが目的ですので、入院時の保護者会では少年たちの問題点はまだ伝えません。まずは保護者を、少年を支える誰よりも大切な人として尊重するのです。

必ずしも近くにはない少年院まで保護者が我が子に会いに来ること自体、エネルギーが要ります。最初に任せてくださいとは言われたものの、果たして子どもがどんな状態になっているのかは分からない。そんな中で子どもに会いに行くことは、想像以上に勇気が要るのです。

そこで、少年院に入って数か月した中間期の保護者会などでは、少年たちには面会に来てくれた保護者に感謝の言葉を述べさせるようにしていました。社会では親に対して暴言を吐いたり暴力をふるったりしていた少年たちも多い中、保護者も恐々として面会室で我が子が来るのを待っています。ところが予想に反して、

「今日は面会に来て頂いてありがとうございます！」

と我が子から大きな声で挨拶されるのですから、保護者は驚きます。無視されるのではないか、怒りをぶつけられるのではないかと思っていた保護者からすると、〝あの子がありがとうと言ってくれた〟〝少年院にきてこんなに変わるのか〟と意表をつかれます。

これには裏があります。実は事前に少年たちには感謝の言葉を言うように何度も練習させているのです。この時点では、少年たちの感謝は〝心から〟ではないかもしれません。しかし、保護者に〝我が子をかわいい〟と思ってもらうためなら、それで構いません。まずは保護者に安心して面会にきてもらう仕掛けが必要なのです。支えていくことが大変な我が子に対して、僅かながらも希望を感じ、〝もう一度頑張ってみよう〟という気持ちをもってもらえれば、充分に成功と言えます。

よく〝大人が変われば子どもも変わる〟と言われますが、私は逆だと感じています。子どもが変わったのを目の当たりにして、〝まだまだ変わる可能性があるんだ、もう少し頑張ってみよう〟と大人が変わるのです。つまり、〝子どもが変われば大人も変わる〟のです。

保護者のやり方を無理に変えようとしない

もちろんそれだけでは、解決はしません。保護者を支援するなら、今後どうやって子どもと向き合っていくかも一緒に考えていきます。ポイントは、

・基本的には保護者のやり方を否定しない
・無理に保護者を変えようとせず、子どもの成長を目標にする

といった点です。

非行化した子どもたちですから、どうしてもこれまでの保護者のやり方を変えたくなるかもしれません。しかし、保護者自身がこれまでの自分たちのやり方がよくないことが分かっている場合でも、否定されると、それだけでやる気を奪われてしまいます。また、保護者に変わって欲しいと願いすぎると、どうしてもそれが態度に出てしまいます。

そもそも、今さら他者から言われて変わるくらいなら、とっくに変わっていたはずです。むしろ、長年、家族内で試行錯誤をしてきたことでうまくいったこともあるはずなので、逆にそのような保護者の対応を支援のヒントにしていく方が、お互いにとっても有益なのです。

しかし、保護者にこれまでとまったく同じように接してもらっていいという訳ではありません。やはり変わってほしい点もあります。保護者が変わったと思われるきっかけを、以下にご紹介しておきます。

・保護者自身の体験が認められたとき
　これまで子どものことで責められてばかりだったのに、少年院にきて初めて慰労の言葉をかけてもらった。初めて自分のことを認めてくれた。
・信頼できる人が見つかったとき
　この先生なら子どものことを分かってくれる。信頼してみたい。
・子どもに変化がみられたとき
　これまで自分たちに対して偉そうに言ってきた子どもが、感謝の言葉を言えるようになった。変わることができるんだ。

・子どもにとっての自分の役割が分かったとき
こんな自分でも面会で喜んでくれる。まだ自分もできることが残っている。

これらは非行少年の保護者に限った話ではありません。一般の保護者にも言えることですし、普段の人間関係にとっても同様なことが言えるのではないでしょうか。

特効薬はないけれど……

しかし、そうはいっても保護者がモチベーションを保ち続けることが難しい場合もあります。頑張れない子どもたちの安心の土台や伴走者になり続けることは、想像以上に大変であり、保護者自身も安心の土台が欲しい、伴走者が欲しいといった状況が普通です。

〝しんどい状況を誰かに聞いて欲しい〟
〝夫婦で話し合いたい〟

〝信頼できる友人や先生が欲しい〟

といったような気持ちも出てくるでしょう。

また子どもがうまくいかないと保護者には次のような気持ちも渦巻いてきます。

罪悪感「私のせい？」「私の愛情不足？」

焦り「私の子どもだけなぜできないの？」

不安「私にこの子を育てられるだろうか？」「この子が自分に恨みをもったらどうしよう」

恐れ「将来、犯罪者になったらどうしよう」「この子がほんとうは怖い」

怒り「誰も分かってくれない」

保護者自身も不安で、時には生きづらく困難な状況になることもあります。そのようなとき、子どもの問題と思われる行動に対して、保護者は次の３つのパターンのいずれか、または複数の組み合わせを取ることがあります。

①戦う　子どもに負けないように強く叱る、誰かのせいにする
②逃げる　子どもの問題に気づかないふりをする、仕事などに没頭する
③固まる　子どもの言いなりになる、甘やかす

よくみられるのが、①の状況です。〝子どもに馬鹿にされたように感じる〟〝腹が立って感情的になってしまう〟などです。こうなると、保護者は子どもの安心の土台ではなくなり、悪循環になります。保護者もまさに支えを求めているときでもあります。

問題を抱えた子どもを持つ保護者にとっては、他の保護者がまぶしく、すばらしく見えるかもしれません。焦りや怒りや嫉妬を感じるのは当然なのです。そういった場合、いったいどう支援したらいいのでしょうか？

残念ですが、特効薬はありません。保護者自身に、自分が①〜③のいずれかの状態にあるかもしれない、と気付いてもらうことがスタートです。そのこと自体に意義があります。

〝自分も今、苦しい状態だ。そんな中で、この子の安心の土台と伴走者になろうとしている！〟

と気付くことは簡単ではありませんが、苦しい状態のその先を信じられるか否かの分かれ道なのです。

ところで、子どもにとって本当に自分を支えてくれる親とは、どんな人なのでしょうか？　次のような親像が浮かぶかもしれません。

・ずっとそばにいてくれる人
・「大好き」を何度も言ってくれる人
・何でも願いを聞いてくれる人

実は、子どもはこんな親を求めているわけではないのです。求めているのは、第6章でも述べたように、生きづらく困っている時に支えてくれる〝安心の土台〟、チャレンジしたい時に見守ってくれる〝伴走者〟なのです。衣食住に加えこの2つがあれば、頑張れない子どもたちもチャレンジできる人間に変わっていくのです。

社会への橋渡し

某市で行っている発達相談で出会ったある母親の話です。彼女は発達障害をもつ子どもと共にやってこられました。

母親によると、まだ新任で発達障害のことをあまり知らない担任の先生から、子どもの出来ないことに対して「もっと頑張って!」と言われたとのことでした。母親には、担任の先生に子どもの特性をもっと理解してほしいとの不満もあったようです。確かに発達障害の子は、色々と課題ができなくても、決して怠けているわけではありません。担任の先生は、この子が頑張っていないと誤解していたのかも知れず、その意味で「もっと頑張って!」は適切ではないように感じます。母親は「前の担任はちゃんと子どものことを理解してくれてよかったのに。担任を変えてもらえるといいのだけど、でも自分の子だけ特別にというのは無理ですよね」と落胆した表情で言われ、私も黙って聞くしかありませんでした。

しかし、そう話しながら突然、母親は急に何かに気づいたように、こう言ったのです。

「でも、色んな先生がいてもいいかもしれない。だって将来、会社では上司は選べないから」

続けて聞いていると、

「社会に出たら、子どもの障害のことを配慮してくれる人たちばかりでないから、出来ないことを子どもに〝頑張れ〟と言う人はいっぱいいると思う。今のうちから色んなタイプの先生にも慣れていた方がいいかもしれない」

と話したのです。

私はこれを聞いていて、この母親は子どもに対する社会への橋渡しのことをしっかり考えておられると感じました。「先生は分かってくれない」と、無理解な担任を責めても何の解決にもなりません。子どもが困難を抱えている現状をしっかり見つつ、彼がのりこえていくであろう体験を見守ろうとしているのです。この母親の中に、頑張れない人と共に生きる真の姿を見た気がしました。

第8章 〝笑顔〟と〝ホスピタリティ〟

うつに苛まれる教師や医師

ここまできますと〝頑張れない人こそ支援が必要、しかし頑張れない人を支援するのは簡単ではない〟ということが十分お分かり頂けたかと思います。

しかし、課題はそれだけではありません。〝頑張れない人を支えるなんて自分には到底無理〟と感じたり、中には〝もう頑張れない〟と思われたりする方がおられるかもしれません。そうなのです。頑張れない人たちだけでなく、〝もう頑張れない支援者〟もいるのです。

例えば学校では、児童への対応だけでなく保護者からのクレーム対応や膨大な雑務などで、心身ともに疲れ果てうつ病になる教師が急増しています。病院でも、誠心誠意をもって接してきた患者から罵倒され、うつ病に罹患した医師もいます。そういった人たちに「もっと頑張れ」などとは決して言えません。教師や医師は「支援する側」ですが、頑張ろうとしてももう頑張れない支援者は大勢いて、支援者自身にもケアが必要な状態なのです。

しかし、支援者に元気になってもらえないと、頑張れない人たちを支援していくことは難しいことも事実です。こういった支援者支援の関連領域は膨大ですが、ここでは支援者同士の連携について、私の感じてきた問題点を述べて最後の章を締めくくりたいと思います。

なお、ここでの支援者は、頑張れない人を支援する専門職（教育や福祉、医療関係者等）を想定していますが、おそらくどの世界でも、例えば家族内における支援などでも共通することがあると思います。

実は支援者間のトラブルも多い

支援者は仕事をする上で通常、他の支援者に対しても同じ方向、同じ温度でもって連携して欲しいと願います。しかし、実際はどうでしょうか。悲しいことに、支援者同士の様々なトラブルは多く発生しています。

そのケースはそっちの担当だとかといった押し付け合いから始まり、酷くなると足の引っ張り合いや悪意をもった妨害をともなうこともあります。トラブルは支援者と支援対象者との間では当然あるものの、支援者同士のトラブルも多く、実はそちらの方がストレスが高いかもしれません。話を事前に聞いていなかった、勝手に決めた、自分だけ会議に呼ばれなかった、ワザと情報を伝えない、一方的に押し付けてくる、メールの返事が返ってこない、返事が遅い、メールの内容がそっけない、一方的な内容のメールだ、等々。こういったささいなことが理由で、支援自体がストップすることもあり得るのです。

政治の世界でも、国民のためとは言いながら、〝自分は聞いていなかった〟〝〇〇よりも後に挨拶にきた〟といった理由で派閥の領袖が不快感を示したり、人間関係がこじれた、といった話がニュースとして流れますが、人が集まる場ではこうしたトラブルは付きものです。

支援者同士の研修の一環として、事例検討会というものがあります。これは、日々支援者が対応に困っている子どもや対象者の事例を出して、職場のみんなで、時には色んな職種が集い、支援が上手くいくように事例検討を行っていくものです。目的は、支援を円滑に進め、子どもや対象者に少しでもよくなってもらうことですが、同時にケースの一番近くにいる事例提供者である支援者にも〝もっと頑張ろう〟と元気になってもらう意味合いもあります。しかし、現実はなかなか目的通りには進みません。

事例提供者が、それまでの経緯をまとめて事例を発表するのには、かなりの時間とエネルギーが要ります。しかも、検討会で他の参加者からいったい何を言われるかは分かりませんから、緊張もします。参加者からこれまでの苦労を労われ、効果的なアドバイスをもらえると、事例提供者も元気が出ますが、中には、「事例がうまくいっていないのは、あなたのやり方が悪いのでは？」といった提供者を責めるような人や、理想論や正論に固執し「こうしなければいけない」と提供者を窘める参加者もいます。

もっと酷い場合だと、「誰に責任があるんだ！」「親の愛情不足だ！」と犯人捜しをしたり、「何をやっているんだ！」と皆の前で厳しく叱ったりする参加者もいます。事例検討会が公開処刑的な場になってしまうこともあり、そうなると事例提供者のやる気を奪ってますます頑張れなくしてしまう結果にしかなりません。

そういった事例検討会に参加して、事例提供者が皆の前でやり方を否定されたり、叱責されたり、窘められたりするのを見たら、他の参加者も萎縮してしまうでしょう。自分が事例提供者になった場合でも、無難な事例しか出さなかったり、失敗を隠そうとしたり、〝みんなは知らないだけで、自分のやり方こそ正しい〟と戦ったりして、「事例を検討する」という会のそもそもの意味が損なわれかねません。事例提供者が検討会で参加者と戦ってしまうと、多くは孤立してしまい、ますます困難事例を一人で抱え込むこととなってしまいます。そうなった場合のいちばんの被害者は、支援を受ける対象者なのです。

繋がりを切るメール

近年は、用件を伝え合う場合、会社や行政の窓口、一部のサービス業を除き、電話よりメールのやり取りの方が多いと思います。逆に面識のない人から事前の断りなくいきなり電話がかかってくると、少し身構えます。何らかの商品を売りつける業者ではないかとも頭をよぎります。また誰からこの電話番号を聞いたのか、といった戸惑いもあります。誰かから勝手に電話番号を聞いて、いきなりかけてくる人もいます。そういった行為は、個人情報保護が重要視される現在においては、そもそも控えるべき行為に相当するかもしれません。これはメールアドレスについても同様です。

また時折、〝パソコンが苦手で〟といった言いわけを添えて、宛名のないメール、差出人の名前がないメール、冒頭の挨拶もないメールを送ってくる方もおられますが、これは電話に例えると、最初の挨拶もなく、相手の名前も確かめず、自分の名前を名乗らず、いきなり用件を話してくるのと同じくらい失礼なことと思います。そういったメールを送る相手はパソコンが苦手以前の問題だと感じます。それを電話での会話に例えると次のようになるでしょう。

依頼者「（前置きなしに）○○市の○○学校と言います。うちは大変な学校です。ぜひうちにきてケースの相談にのってもらえませんか？」
受け手「あの、失礼ですがどちら様でしょうか？」
依頼者「校長の○○と言います。日は○月○日と決まっています」
受け手「どのようなケースなのでしょうか？　あ、申し訳ないのですがその日は既に予定が……」
依頼者「プツリ……（電話が切れる）」

これは、受け手からすれば不快以外の何物でもありません。たとえこの依頼者が〝自分は電話で話すのが苦手だから〟といっても理由になりませんし、それ以前の問題だとお分かりになると思います。字を書くのが苦手だから手紙に用件しか書かない、人と話すのが苦手だからお礼や謝罪をしない、といった言い分と同じ類です。

こういったやり取りしかできない時点で、いくら誰かの支援のためだとしても、依頼される側に一緒に何かをやりたい気は起きないのではないでしょうか。コロナ禍で在宅ワークが進む中、ますますメールの重要性が問われています。パソコンが苦手、メールが苦手というのはもういい訳にはならないでしょう。

〝笑顔〟と〝ホスピタリティ〟

支援の現場で何か企画を立ち上げようとして会議をすると、色々と建設的な意見を言ってくれる人、分かっている話を長々と話し続ける人、あまり物を言わないが意見を求められるといいポイントを述べる人、と色々な方がおられます。様々なスタイルの人がいるので、一概に何がいいかは甲乙つけがたいところです。

結局その人がどうであったのかは、企画当日になってみるとはっきりします。当日、いかに身体を使って動いてくれるか、それに限るのです。企画だけ立てて当日には控室に閉じこもって出てこない、他のスタッフが忙しそうにしていても手伝おうとしない、どこかに消えてしまう。こういった人たちも、一概に悪いとまでは言えませんが、どこか寂しい気分です。

一方で、自分が動くだけでなく、他の人たちも巻き込んで皆のやる気が出るような声かけができる人や、裏方で動いてくれている人などの存在が、支援者の皆を元気にしてくれると感じます。特に、皆が疲れてしんどい気持ちになっているとき、ポジティブな発言で周りを動かしてくれたり、笑いで楽しい雰囲気を作ってくれたりする人たちには頭が下がります。このような人たちは、人の信頼を得やすいし、同志も増やせるでしょう。戦国時代であれば、有名な武将になっていたかも知れません。現在においても、日本の組織で最終的に出世しているのは、そのような人たちが多い気がします。

支援者も、こういった裏で動いてくれている方々に支えられているのだと実感します。ここでも共通するのは〝笑顔〟と〝ホスピタリティ〟だと切に感じます。

支援すべき相手は身近にいる

ここまで本書を読まれ、誰かを支援することを大変に感じ、自分には無理と思われる方や、支援すること自体、自分には関係ないと思われた方もおられるかもしれません。

しかし、考えてみてください。生まれてからこれまで、一度も誰からも支援を受けたことがない人はいないはずです。また「自分はもう頑張れない」と弱音を吐いたことが一度もない人も殆どいないのではないでしょうか。

そして思い出してみてください。子どもの頃、親や先生、友だちから見守ってもらったり、成人してからでも誰かのさり気ない一言で元気が出たり、勇気づけられたりした記憶がきっとあるはずです。みなさん自身も多くの人たちからどこかで支援を受け続けてきたはずなのです。

今、みなさんの身近にも支援を求めている相手がきっとおられるはずです。大切な家族や恋人、親しい友人であったり、職場の同僚やバイトの仲間であったり。必ずしも助けて欲しいと言わないかもしれませんし、逆にあなたをイラつかせているかもしれません。そんなとき、〝ひょっとして頑張れなくて困っているサインではないか〟と考えてみることで、相手への向き合い方が変わるかもしれません。そのような彼らにあなたのできる何かがきっとあるはずです。誰かに支えてもらった体験が次の誰かの支えにつながっていくのです。

出来ないボクは「失礼」な人間

最後に、児童の教育相談の中で、子ども自身から聞いたある言葉を紹介します。勉強が苦手な小学5年生のその子どもに、自分は親や先生からどう思われているかを訊ねてみたのです。するとその子は、

「自分は悪い子と思われている」

と答えました。理由を聞いてみると、

「約束しても破ってしまうから」
「色々物を壊してしまうから」

と答えました。

本人も約束を破りたくて破っているのではないのです。物を壊したくて壊すのではないのです。それしか出来ないのです。小学生くらいの子どもにとって、大人からどう思われるかというのは、自己肯定感に大きな影響を及ぼすでしょう。出来ない自分は、〝大人から悪い子と思われている〟と感じているのです。

続けて私はその子にこう聞いてみました。

「将来どんな人になりたい？」

その子はこう答えました。

「ちゃんと色んなことが出来る人。頭が悪いのでよくなりたい。教えてもらっても分からないので先生に失礼と思う」

10歳くらいの子どもが、自分が出来ないことを大人に対して「失礼」だと思っているのです。この言葉を聞いて愕然としました。逆ではないか、と。教育がこの子に気を遣わせないよう頑張らないといけないはずです。ところが、小さな子どもが「出来ない自分」を申し訳なく思って、大人に気を遣ってしまうほど、心を傷つけているのです。

大人がいくら大丈夫と言ってあげても、出来ない自分に自信はもてません。誰でも評価されたいのです。もし本人が大丈夫そうに見えたとしても、実は我々大人に対して気を遣っているだけなのです。こういった子どもに気づいてあげられない教育とはいったい誰のためのものなのか、この国の教育はいったいどこを向いているのか……。胸に迫った瞬間でした。

頑張れない人たちを支援していくことは、長いプロセスが必要かと思います。ただ、人と人が交わる中で我々も年を取り、いつかは支援される側にまわるでしょう。

頑張れない人たちと一緒に生きていくことが、我々にとってどんな意味があるのか。それらを考える上で、本書が少しでもヒントになれば幸いです。

おわりに

「先生の本を読んで認知の大切さが分かりました」と、『ケーキの切れない非行少年たち』の発売後からよく声をかけられるようになりました。

私はいつも不思議な気持ちです。なぜなら、少年院に勤務し始めて、在院する少年たちの驚くべき実態を知って以来、『ケーキの切れない非行少年たち』を出すずっと前から、講演会や研修会で数百回はその実態を伝え続けてきたからです。

声をかけてくれる先生方は、もちろんそのいずれかの講演会で一度は話を聞いておられたはずです。しかし、そのときは「そういった見方もあるのか」といった程度の受け止めしかされなかったのでしょう。必要な内容だから理解してみようと思うのではなく、人は世間である種の評価がなされてから、初めて理解してみようと思うようになるのだということに気づきました。本書の内容も、前著がなければ皆さまの手に届いていなかったかもしれません。それだけ気づかれにくい問題であり、それがゆえに決して見逃してはいけない問題でもあると感じています。

本書を書こうとの思いは、『ケーキの……』を書いている最中に生まれ、思いが次第に強くなっていき、前著が終わるとすぐに構想を練り始めました。ケーキの切れない少年たちは、その後、どう生きていけばいいのか。社会は彼らをどう支援していけばいいのか。その後の話は漫画版『ケーキの切れない非行少年たち　第1巻』（バンチコミックス）でも描かれています。この漫画版では、今度こそ頑張れるという思いで少年院を出た主人公が、結局は社会でうまくやっていけず、殺人に至ってしまう事例を取り上げました。本人の思いがどれだけ強くとも、社会の受け入れ体制が変わらなければ、また元に戻ってしまうのです。

そういった彼らに対してなされる、「頑張ったら支援します」という声かけに常々疑問があり、「では頑張れなかったらどうなるのか？」といった問いかけを主テーマに書いてみたい、と考えました。そして、次作について新潮社・新潮新書編集部の横手大輔氏に話そうと思っていたところ、逆に「次は彼らのその後を書いてほしい」と言われ、横手氏もまさに同じことを考えていたことを知りました。前著の読者の中にも同じ考えを持たれていた方もおられたかもしれません。

本書に書いてあることは単純なことです。〝頑張れないからこそ支援しないといけない〟。それだけです。結果的に成果を出した人が頑張っていると評価され、より支援を受けやすくなり、一方、成果が出せなかった人は頑張っていなかった、怠けていたと見なされて、逆に支援を受けにくくなってしまう矛盾です。

ただ、頑張れない人たちを支援するのは極めて大変なことです。色んな理由をつけて「自分たちには支援は無理だ」と感じてしまうこともあります。かく言う私も例外ではありません。一方で、根底のあるべき考え方や向き合い方を工夫すれば、より効果的な支援に繋がる可能性もあります。本書が、支援を職業としている方々、職業でなくとも家族や友人に向き合って支援しておられる方々の、少しでもお役に立てれば嬉しく思います。

最後になりましたが今回も当方の趣旨に賛同して頂きました新潮社様と、編集部の横手大輔様に心より感謝申し上げます。

2021年3月

宮口幸治

宮口幸治　立命館大学産業社会学部教授。医学博士、精神科医、臨床心理士。精神科病院、医療少年院での勤務を経て2016年より現職。著書に『ケーキの切れない非行少年たち』などがある。

Ⓢ新潮新書

903

どうしても頑《がん》張《ば》れない人《ひと》たち
ケーキの切《き》れない非《ひ》行《こう》少《しょう》年《ねん》たち２

著　者　宮《みや》口《ぐち》幸《こう》治《じ》

2021年４月20日　発行
2024年９月５日　15刷

発行者　佐　藤　隆　信

発行所　株式会社新潮社

〒162-8711　東京都新宿区矢来町71番地
編集部(03)3266-5430　読者係(03)3266-5111
https://www.shinchosha.co.jp

組版　新潮社デジタル編集支援室
印刷所　錦明印刷株式会社
製本所　錦明印刷株式会社

ISBN978-4-10-610903-4　C0236

価格はカバーに表示してあります。